복음통일의 주인은

하나님입니다

강디모데 드립니다

하나님이
보내신 탈북민

하나님이 보내신 탈북민

강디모데 지음

예영 B&P

"하나님이 큰 구원으로
당신들의 생명을 보존하고
당신들의 후손을 세상에 두시려고
나를 당신들보다 먼저 보내셨나니"

(창 45:7)

이 책은 북한 이해와 탈북민 이해를 돕기 위한 내용으로, 북한 전체나 탈북민 전체를 대표하지 않으며, 보안상의 이유로 가명을 사용한 점을 미리 숙지해 주시기 바랍니다.

이 책의 수익금 전액은
엔케이피플선교회 탈북민 다음세대 사역에 쓰입니다.

책을 내면서

하나님은 탈북민을 대한민국으로 보내셨다. 이들을 통해 남한과 북한을 복음통일의 사역자로 쓰시기 위한 하나님의 계획이 있기 때문이다. 남북 분단 70여 년이 지났지만, 북한에 자유롭게 갈 수 없고 복음을 전할 수 없는 현실이다. 하나님은 애굽에 있는 이스라엘 백성들을 가나안으로 구출하시듯 북한에 있는 사람들을 부르셨다. 중국에는 15만 명, 대한민국에는 3만 4천여 명, 해외에도 탈북민들이 있다.

하나님께서 보내신 탈북민을 먼저 이해하고 복음 안에서 하나가 될 때 말로만이 아닌 복음통일을 이룰 수 있다. 이들에게 복음을 전하고 말씀으로 양육하여 사역자로서 함께 동역할 때 마지막 시대에 북한을 넘어 땅끝까지 선교를 감당할 수 있을 것이다.

필자는 12살에 탈북하여 중국에서 11년을 거주하였고 중국에서도 2년에 한 번씩 총 5차례에 걸쳐 북한을 넘나들며 복음을 전했다. 현재 한국에서 17년째 거주하고 있다. 15살부터 북한을 넘나들면서 전한 복음의 사역은 현재도 중국에 있는 탈북민들과 한국에 있는 탈북민들을 대상으로 복음을 전하고 있다.

15살부터 북한에 들어가서 복음을 전하게 된 이유는 하나님의 소명이 있었기 때문이다. 누가복음 16장 19절~31절에서 나오는 부자와 나사로의 비유를 통해 하나님께서 나에게 말씀하셨다.

"북한 사람들이 굶어 죽는 것보다 예수 그리스도의 생명 없이 지옥으로 가는 것이 불쌍하다."

모든 사람이 100년의 인생을 산다고 할지라도 썩을 것을 구하며 살다가 지옥으로 가면 성경에서 나오는 지옥 가는 부자와 무엇이 다른가? 그런데 북한 주민들이 거지처럼 살다가 죽어서도 지옥으로 간다면 얼마나 불쌍한가? 하나님은 북한 주민을 향한 긍휼의 마음을 주셨다. 이들에게 내가 만난 예수 그리스도의 생명과 부활의 소망을 전해야만 했다.

2010년부터 엔케이피플선교회를 설립하여 탈북 청소년 사역과 탈북구출 사역을 중심으로 복음을 전하고 양육하고 생명을 살리는 사역을 감당하고 있다. "사람이 마음으로 자기의 길을 계획할지라도 그의 걸음을 인도하시는 이는 여호와시니라"[1]

하나님의 인도하심에 믿음으로 순종하면서 지금까지 오게 되었다. 아무것도 없는 광야에서 주님만 붙들고 살아가는 삶이 때로는 두려울 때도 있지만 내가 할 수 있는 것이 아무것도 없고 주님만이 하실 수 있기에 주님께 모든 것을 맡기고 순종하는 삶을 살아가고 있다.

하나님은 생명 없이 죽어가는 북한을 보게 하시고 북한 주민, 탈북민을 보게 하셔서 하나님의 복음을 전하라고 말씀하신다.

이유는 하나님께서 북한과 탈북민을 사랑하시기 때문이다.

『하나님이 보내신 탈북민』책을 쓰게 된 이유는 하나님의 마음과 눈으로 북한과 탈북민을 바라보고 이들을 이해하고 어떻게 선교해야 하는지에 대한 교재가 필요함을 느꼈기 때문이다.

이 책의 내용은 탈북민 사역자로서 사역의 경험과 한국교회에서 강의한 내용과 여러 기관에 기고한 문서들을 풀어서 작성했다. 탈북민 이해, 탈북민 선교, 통일선교와 탈북민 사역으로 나누어 탈북민을 이해하고 탈북민을 선교할 수 있는 내용을 다루었다.

이 책을 통해 북한을 향한 하나님의 마음 탈북민을 향한 하나님의 마음을 깨닫기를 바란다. 하나님께서 보내신 탈북민을 이해하고 그들에게 필요한 하나님의 사랑을 전하고 양육하는 섬김이 멘토와 중보기도자들이 되기를 바란다.

북한 내지와 중국, 대한민국, 해외에서 북한 주민과 탈북민들을 위해 하나님의 사랑을 실천하시는 선교사님들과 목사님들, 성도님들께 탈북민 사역자로서 탈북민의 한 사람으로 진심으로 감사와 존경의 마음을 드린다.

원고가 완성되기까지 곁에서 응원해 주신 하충엽 교수님과 김회권 교수님, 김의혁 교수님, 탈북민의 관점에서 쓴 책이 빨리 나와야 한다고 격려해 주신 조은식 교수님, 소망교회 김경진 목사님과 이흥락 장로님, 이경혜 장로님, 함께 사역한 소망교회 북상선교부와 미래소망스쿨 선생님들, 사랑빛교회 한규승 목사님과 최정수 목사님 그리고 사랑빛교회 식구들, 엔케이피플 사역으로 합력하여 선을 이룬 온누리교회 이진이 목사님과 성명자 권사님, 그리고 온누리교회 여성 사역팀, 죽전우리교회 전상출 목사님과 장재영 목사님, 그리고 죽전우리교회 공동체, 10년 이상 믿음의 동역자들로서 엔케이피플 사역을 감당하고 계시는 박영혜 목사님, 백 선생님, 기현일 선교사님, 박명희 교수님, 조선영 권사님, 책을 위해 후원으로 함께 해 주신 서예레미야 선교사님, 엔케이피플 사역을 함께 감당하며 함께 해 온 지윤옥 회계님과 김한나 간사님, 지금도 탈북 청년들과 일대일 멘토로 섬기시는 멘토님들과 후원자님들에게 진심으로 감사드립니다. 모든 영광을 하나님께 드립니다.

2024년 2월 강디모데

추천사

『하나님이 보내신 탈북민』은 탈북민 저자가 한국교회에서 진행한 강의를 바탕으로 한 귀중한 책입니다. 탈북민의 실제 경험과 시각을 통해 그들의 삶과 도전을 이해할 수 있게 해주며, 탈북민에 대한 선교 방법을 실질적으로 제시합니다. 이 책은 탈북민에 대한 깊은 이해를 돕고, 한국교회와 개인이 탈북민을 어떻게 도울 수 있는지에 대한 구체적인 방향을 제공합니다.

김경진 목사(소망교회 담임)

강디모데 전도사님의 책 『연어의 꿈』은 많은 사람들을 감동시켰습니다. 고통과 고난 가운데서도 예수님을 영접하고 꾸게 되었던 그 '꿈'은 읽는 많은 사람들에게 북한 사역에 대한 희망을 가지게 했습니다. 이번에 강디모데 전도사님은 『하나님이 보내주신 탈북민』을 펴냈습니다. 『연어의 꿈』은 자신의 꿈, 자신의 정체성에 대한 서술이었다면 이번에 펴내는 책은 '탈북민의 꿈' 탈북민 공동체의 정체성에 대한 서술입니다. 아사자가 많이 발생하던 북한의 '고난의 행군' 시기 어린 나이에 탈북하고 중국에서 방황하고, 강제북송 당하고, 또 북한에서 감옥생활을 해야 했던 강디모데 전도사님은 그 처참하고 극심한 고통 가운데 '육신의 가시'를 가졌습니다. 그의 사역과 삶을 찌르는 가시를 품고 그는 포기하지 않았습니다. 그렇게 나온 책은 수많은 역경과 고통을 겪으며 오직 신앙으로 이겨낸, 그리고 이겨내는 탈북민의 관점에서 쓰였다는데 더욱 큰 의미가 있습니다. 이 책도 많은 사람들의 사랑을 받게 될 것으로 생각합니다.

김권능 목사(인천한나라은혜교회 담임)

"북한 사람들이 굶어 죽는 것보다 예수 그리스도의 생명 없이 지옥으로 가는 것이 불쌍하다"라는 필자의 고백처럼, 복음을 생명보다 귀하게 알고 그 마음을 같은 탈북민들에게 전하기 위해 온 힘을 다하는 필자의 모습을 그동안 지켜볼 수 있었습니다. 무엇보다 이 책을 통해 우리가 듣기만 하였던 탈북민에 대한 진짜 모습과 그들에 대한 깊이 있는 이해 그리고 그들을 향한 하나님의 마음을 충분히 느끼고 배울 수 있을 것으로 기대합니다.

김승욱 목사(할렐루야교회 담임)

탈북민을 향한 가장 예리하면서도 따뜻한 시선이 담긴 책입니다. 글을 읽다보면 탈북민으로서 경험하는 낯선 현실, 감내해야 하는 상처, 치열한 생존의 현장을 생생하게 느낄 수 있습니다. 그러나 이 책의 진수는 냉정한 현실 진단을 넘어 탈북민을 향한 하나님의 특별하고 선한 인도하심을 깨닫게 되는 데에 있습니다. 저자의 복음에 대한 확신과 복음으로 탈북민을 전도하고 양육하는 이야기를 읽다보면 당신의 마음이 뜨거워지는 것을 경험하게 될 것입니다.

김의혁 교수(숭실대학교 기독교통일지도자학과)

저는 북한에서 10년 동안 복음적 의료 사역을 하다가 보위부에 체포되어 온갖 공갈과 협박도 받았습니다. 북한사역을 하다가 그곳에서 추방되어 한국에 귀화하여 탈북민 신학생을 섬기면서 수많은 북한 간증과 북한선교 관련된 책들을 받아 보았습니다. 그중에 강디모데 전도사께서 지은 책이 가장 체계적이고 북한선교 방향을 잘 제시한다고 생각됩니다. 북한에서 실제로 태어나서 삶을 통한 내용이고 신대원을 졸업한 실력 있는 최고의 엘리트인이라고 생각됩니다. 북한 복음화와 한국에 오신 탈북민들을 복음화하여 다가올 통일시대의 일꾼으로 세워지는 지침서가 되는데 부족함이 없는 책이라고 생각해서 추천을 드리는 바입니다

김재열 목사(북한 선교사)

『연어의 꿈』을 통해 자신의 남한 정착과정과 기독교신앙 입문을 들려준 저자는 이 책을 통해 하나님이 주신 북한선교의 빛을 들려줍니다. 이 책은 간증이자, 북한선교를 향한 비전이며 사명 선언입니다. 이 책은 탈북민을 단지 한 국가를 탈출하여 다른 나라에 정착한 사람들이라고 보지 않고 하나님이 보내주신 사명자라고 보는 신앙적 관점을 일관되게 유지합니다. 탈북민들은 북한에서 겪은 트라우마, 북한탈출 과정에서 겪는 3국 체류 트라우마, 남한 자본주의 사회 적응 트라우마 등 복합적인 트라우마에서 살아남은 자들입니다. 이들에게는 북한선교를 넘어 중앙아시아, 무슬림까지 확장되는 하나님의 종말선교의 사명자들로 택함받아 고난과 연단을 겪고 있습니다. 남한사회와 교회

는 탈북민들을 이방인으로 대하거나 일방적인 동정과 연민의 대상으로 간주해서는 안된다는 것입니다. 이 관점에서 저자는 북한선교에 참여하는 남한교회와 그리스도인들에 실로 소중한 통찰과 지혜를 나눠줍니다. 부디 한국교회와 그리스도인들이 이 책을 정독하여 저자가 제시하는 비전을 품고 북한선교를 위해 등불을 준비할 수 있기를 기대합니다. 이 책을 다 읽고 나면 독자들은 아마 옷깃을 여미며 기도할 것입니다.

첫째, 하나님께서 저자 강디모데 목사와 3만 탈북민 동포들의 아우성을 들어주시고 그 눈에서 흘러내리는 눈물을 닦아주소서.

둘째. 세상 끝날 새 하늘과 새 땅이 열리는 그 날 백보좌 앞에서 닦아주실 그 눈물을 지금 이 시간에 닦아주소서.

셋째. 북녘땅 동포들과 그들과 생이별을 감수하면서 남한과 온 세계에 흩어져 사는 탈북민들의 눈물을 닦아주소서.

넷째. 그동안 탈북민들을 몰이해하고 차별했던 남한동포들에게 회개의 마음을 일으키시고 남한교회가 탈북민 그리스도인들을 북한선교의 동역자로 존중하게 하옵소서.

김회권 교수(숭실대학교 기독교학과)

이 책은 학술적인 연구에 의해서가 아닌 오랫동안 북한선교와 탈북민 사역 현장에서 부대끼며 주님께서 주신 깨달음에 의해 만들어진 책임을 알 수 있습니다. 하나님께서 반드시 이루실 북한의 회복과 복음 통일을 위해 무엇을, 어떻게 기도하고 준비해야 하는지 알기를 원하는 교회와 성도님들에게 지침서로 추천해 드립니다.

마요한 목사(새희망나루교회 담임)

예수님은 어두운 세상에 빛으로 오셨습니다. 하나님도 빛이시고, 성령님도 빛이십니다. 이 빛을 받아 한국 역사를 밝힌 선교사님들의 이야기, 그리고 이 복음의 빛을 탈북민들에게 어떻게 비추어야 하는지 구체적인 전략을 소개하는 이 귀한 책을 강추합니다.

임현수 목사(TMTC 대표)

한국교회에게 북한선교는 거부할 수 없는 사명입니다. 그래서 북한의 동포들에 대해 거룩한 부담감을 가지고 통일한국을 위해 기도할 때 우리의 가슴이 뜁니다. 복음 안에서 통일된 한반도를 꿈꾸며 기도했더니 하나님은 탈북민들을 먼저 우리에게 보내주셨습니다. 그리고 탈북민으로서 광야를 경험한 강디모데 선교사를 통해 소중한 책이 우리 손에 쥐어 졌습니다. 이 책을 통해 북한과 탈북민들에 대한 우리의 무지가 이해로 변화되며, 그들을 향한 하나님의 마음이 우리 안에 가득 부어지길 기대합니다.

전상출 목사(죽전우리교회 담임)

강디모데 형제를 볼 때마다 한없이 작아지고 주님 앞에 죄송스러운 마음이 앞섭니다. 자유민주주의 나라에 태어나서 배부른 목사가 되었기에 더욱 그런 것 같습니다. 어린 청소년 나이에 북한으로 다시 들어가 복음을 전한 열정이 우리에게 없음을 통회 자복합니다. 탈북민 형제 자매를 보는 시각을 일깨워주는 필독서가 출간됨을 기뻐하며 한국교회가 바울의 아비심정으로 아들 디모데의 역작에 박수갈채와 후원을 아끼지 않기를 소망해봅니다. 하나님 감사합니다.

조성욱 목사(평광교회 담임)

이 책은 한반도를 향한 하나님의 마음에 대한 넓고 깊은 통찰이 담겨 있습니다. 10대부터 북한 선교를 위해 헌신한 강디모데 선교사의 생생한 경험은 한 사람을 들어 사용하시는 하나님의 일하심에 대한 놀랍고도 감동적인 증언이며, 동시에 한국교회 성도들이 어떻게 북한과 탈북민을 제대로 이해하며 섬길 수 있는지에 대한 온전한 길잡이가 되어줄 것입니다.

추상미 감독

시간이 지나면서 탈북이라는 용어는 이제 낯설지 않습니다. 국회에도, TV 프로그램에서도 탈북민의 역할을 봅니다. 그런데 탈북민이 한국 땅에 교회를 50개 이상 세웠다는 것을 아는 사람이 많지 않습니다. 이 역사를 저자는 빛의 관점으로 해석했습니다. 이 빛은 독자에게 희망을 보게 합니다.

하충엽 교수(숭실대학교 기독교통일지도자학과)

꼭 필요한 책이 나왔습니다. 그동안 이와 비슷한 류의 책들이 없지 않습니다. 그러나 이 책에는 학자들의 이론적인 이야기가 아니라 자신이 흘린 고혈이 담겨 있습니다. 그런 류의 간증집도 없지 않습니다. 그러나 이 책은 나의 체험을 넘어 자신과 같은 상처를 가진 이들을 끌어안고 살아온 삶을 동력으로 어떻게 탈북민들이 통일선교의 자원들이 되게 할 것인가를 보여주고 있습니다. 시의적절하고 아름다운 책입니다.

한규승 목사(사랑빛교회 담임)

목차

책을 내면서_ 7
추천사_ 11

Part 1. 탈북민 이해_ 21
1장. 하나님이 보내신 탈북민_ 23
2장. 탈북민의 정체성_ 29
3장. 탈북민의 트라우마_ 34
4장. 탈북민의 어려움_ 44

Part 2. 탈북민 선교_ 61
1장. 탈북민 선교의 필요성_ 63
2장. 탈북민 다음세대 준비_ 68
3장. 탈북민을 사랑하는 법_ 73
4장. 탈북민과 관계 맺기_ 83
5장. 탈북민의 영성과 성품_ 93

Part 3. 탈북민 선교와 통일선교_ 103
1장. 탈북민에게 전도하기_ 105
2장. 탈북민 일대일 양육_ 121
3장. 탈북민을 미혹하는 이단과 대안_ 130
4장. 한국교회 내 탈북민 예배 공동체_ 139
5장. 한국교회 내 통일선교_ 154

Part 4. 탈북민 사역_ 161
      1장. 중국 내 탈북민 사역_ 163
      2장. 탈북 청소년 사역_ 165
      3장. 탈북민 긍휼 사역_ 173
      4장. 탈북민 사역자 사역_ 184
      5장. 탈북민교회 사역_ 188
      6장. 엔케이피플 선교 사역_ 194

글을 마치며_ 199
참고문헌/ 각주_ 205

Part 1
탈북민 이해

1장. 하나님이 보내신 탈북민

> "하나님이 큰 구원으로 당신들의 생명을 보존하고 당신들의 후손을 세상에 두시려고 나를 당신들보다 먼저 보내셨나니 그런즉 나를 이리로 보낸 이는 당신들이 아니요 하나님이시라 하나님이 나를 바로에게 아버지로 삼으시고 그 온 집의 주로 삼으시며 애굽 온 땅의 통치자로 삼으셨나이다"(창 45:7-8)

탈북민을 대한민국으로 보낸 분은 누구일까? 탈북민들은 김씨 일가의 독재와 억압으로 인해 살아남기 위해 북한을 떠난 도망자들이 아니다. 정상적인 국가를 떠난 북한이탈주민도 아니다. 탈북민들이 대한민국에 오기까지의 탈북 이유와 과정은 다양할지 몰라도 하나님께서 탈북민을 대한민국에 보내셨다. 우리는 요셉의 이야기를 통해 하나님의 뜻을 이해할 수 있다.

야곱은 12명의 아들 중 다른 형제들보다 요셉을 더 사랑했다. 아버지는 형들보다 더 특별한 옷을 입혀 주었다. 형들은 요셉을 시기하고 질투했다. 그래서 동생 요셉을 아버지 몰래 애굽의 노예상에게 팔아버렸다. 요셉은 애굽의 노예상에게 팔려 바로 왕의 친위 대장 보디발의 집에서 친위 대장 보디발 아내의 유혹을 당하기도 하고 억울하게 누명을 쓰고 감옥에 갇히기도 했다.

그러나 하나님은 요셉에게 꿈을 해몽하는 능력을 주셨다. 요셉은 바로 왕의 술 맡은 관원장과 떡 맡은 관원장의 꿈을 해몽하여 그들의 신임을 얻었다. 또한 바로 왕의 꿈까지 해몽하여 애굽을 재앙으로부터 구했다. 그 공로를 인정받아 애굽에서 총리가 되었다. 요셉의 형들도 기근으로부터 식량을 구하러 애굽에 왔다. 요셉은 형들을 알아보았지만, 형들은 요셉을 알아보지 못했다. 요셉은 형들에게 보복할 수도 있었지만, 복수하지 않고 두려워하는 형들에게 용서를 베풀었다. "하나님이 큰 구원으로 당신들의 생명을 보존하고 당신들의 후손을 세상에 두시려고 나를 당신들보다 먼저 보내셨나니 그런즉 나를 이리로 보낸 이는 당신들이 아니요 하나님이시라"[2]

요셉은 어떠한 상황에서도 하나님을 신뢰했다. 성경은 요셉의 신앙을 '형통'으로 해석한다. 그가 하나님을 신뢰했기에 하나님의 통치와 주권 가운데 하나님의 뜻을 분별하여 민족을 살리고 구원하는 역사에 쓰임 받았다. 또한 하나님의 마음으로 이스라엘 가족을 품고 용서하고 사랑하는 요셉을 볼 수 있다. 이것은 전적으로 자격 없는 우리에게 베푸시는 하나님의 은혜를 경험한 자들만이 누릴 수 있는 특권이다. 요셉은 그 특권을 자신을 넘어 가족과 민족에게 흘려보내고 더 나아가 애굽과 온 땅에 흘려보냈다. 왜냐하면 하나님이 그의 머리가 되시고 통치자가 되셨기 때문이다.

필자는 건강 문제로 인해 제주에서 6개월살이를 했다. 제주에서 예배하면서 한라에서 백두까지 한반도와 열방을 향한 하나님의 마음을 느낄 수 있었다. 이기풍 선교사는 평양에서 태어나 1907년 조선예수교 평양신학교 제1회 졸업생 7명 중에 한 사람이 되었다. 한국인 최초의 목사가 되어 1908년 제주 선교사로 파송되었다. 그는 제주도민들에게 복음을 전하고 제주도에 교회를 세웠다. 그는 끝까지 신사참배를 반대하여 4년간의 옥고 끝에 병으로 출옥했지만 결국 하나님 품에 안겼다. 그로부터 1948년 4.3 사건이 생기면서 이념 대립으로 서로를 미워하고 증오하며 제주 공동체는 서로 죽이고 죽이는 적대관계가 되었다. 이 사건으로 3만여 명의 제주도민들이 희생되었다.

그때로부터 70년이 지난 현재까지도 서로를 미워하고 갈등하는 이념 대립은 아직도 진행 중이다. '육지 것'으로 분류되는 현상이나 미군이 강정마을에 해군 기지를 두고 주둔하는 것을 반대하는 등의 일들은 평범한 반대가 아니다. 여전히 피해자 가족이 아파하고 있기 때문일 것이다. 더 나아가 대한민국 안에도 남·남 갈등이 심각하고 남과 북의 대립은 여전히 진행 중이다.

서로를 이해하고 공감하고 용서를 통해 화해하는 방법은 무엇일까? 에베소서 1장 10절에 보면 "하늘에 있는 것이나 땅에 있는 것이 다 그리스도 안에서 통일되게 하려 하심이라"라고 말씀하신다. 하나님의 주권 아래 놓여 있는 하나님의 백성들은 예수 그리스도로 인해 하나가 될 수 있다. 죄로 얼룩져 있는 가해자와 피해자들이 하나님의 온전한 복음, 죄 씻음, 완전한 용서를 경험할 때만이 서로를 용납하고 용서하고 화해하고 하나가 될 수 있다. 그러나 복음이 전제되지 않으면 아무 일도 일어나지 않는다. 하나님께서는 그 일을 위해서 우리를 먼저 평화의 사도로 부르셨다. 예수 그리스도 안에서 하나가 되도록 먼저 부르셨다.

탈북민으로서 대한민국 어디를 가도 여전히 이념적 갈등이 존재한다. 어떤 이들은 탈북민을 색깔론으로 심문하며 트라우마를 자극하기도 하고 다른 이들은 탈북민을 정죄하고 가르치기도 한다. 심지어 일부 탈북민들은 김부자를 암살하기 위한 폭탄을 만들고 있다는 이야기도 들린다. 그런데도 하나님은 탈북민을 어둠에서 불러내셔서 빛의 자녀로 부르셨다. 하나님은 탈북민을 통해 북한에 복음의 빛을 밝히기를 원하신다. 북한에 복음을 전하고 교회를 세우기 위해 탈북민 신학생, 탈북민 목회자, 탈북민교회가 준비되고 있다.

하나님은 탈북민을 잘 먹고 잘 살라고 보내신 것이 아니라 '큰 구원으로 당신의 생명을 보존하고 당신들의 후손을 세상에 두시려고…' 요셉이 고백하듯이 하나님의 뜻이 있어서 보내셨다. 탈북민들은 복음의 군사들로 잘 준비되어 북한을 복음화시키고 열방을 선교해야 하는 사명이 있다. 또한 한국교회 역시 복음의 빚진 자들로서 먼저 구원받은 이들로서 예수 그리스도의 구원이 필요한 이 땅에 보냄을 받은 탈북민들에게 복음을 전하고 양육하고 선교해야 할 사명이 있다. 더 나아가 탈북민들과 함께 북한에 복음을 전하고 교회를 함께 세워야 한다. 누가 북한의 지리와 북한 사람을 잘 이해하겠는가? 함께 동역할 수 있도록 동역자로 세우고 함께 준비해야 한다. 그 사역을 위해서 우리는 먼저 예수 그리스도 안에 거듭남과 동시에 성화의 단계로 함께 성장해야 한다.

예수 그리스도의 사랑만이 원수 되었던 우리를 하나 되게 하신다. 예수 그리스도의 사랑을 경험한 그리스도인들만이 돌아온 탕자를 안아 주시는 하나님의 마음을 가지고 서로를 긍휼히 여기며 하나님의 사랑으로 하나님 나라의 샬롬을 이루어 갈 수 있다. 남과 북의 그리스도인들이 하나님 앞에 기도하는 마음으로 찬양 가사를 통해 기도와 선포가 이루어지도록 '통일세대'(New Korea)[3]를 작곡했다. 하나님의 마음으로 함께 찬양으로 선포하며 기도할 수 있기를 바란다.

> 우리는 부름 받은 하나님의 자녀
> 예수의 사랑으로 평화를 이루어
> 장대재[4] 언덕 위에서 하나님을 향해
> 예배 드릴 그날을 기도하네
> 예수의 제자로 거듭난 통일세대
> 생명의 복음 들고 어둠을 밝히어
> 세상의 빛과 소금 작은 예수가 되어
> 거룩한 제사장 나라 되기 원해
> 우리 함께 일어나 Wake up 하나님 나라를 선포해
> 대립된 저주 끊고서 Break up 예수 이름으로 나가세
> We are the Korea New Korea
> 하늘의 뜻 이 땅에 이루어 통일을 살아가네
> We are the body of Christ One Korea
> 예수의 생명으로 하나 되기 원하네 원하네

북한선교를 풀어가는 키는 하나님께서 이 땅에 보낸 탈북민들이다. 이들에게 복음을 전하고 함께 동역자로 교회를 세우고 선교를 감당하는 것이 중요하다. 이** 선교사님은 "한국교회가 복음통일을 위해 기도했더니 하나님께서 복음 안에서 하나가 되라고 탈북민을 보내셨습니다."라고 말씀하셨다. 또 다른 목사님은 탈북민을 "통일의 마중물"[5]로 부르기도 했다. 이제 관심을 탈북민에게 돌리고 이들에게 어떻게 복음을 전하고 복음의 동역자로 함께 사역할 수 있는지에 대한 방법론을 가지고 3만 4천여 명의 탈북민을 대상으로 하나님의 사랑을 전할 수 있다면 북한의 2천 5백만을 대상으로도 복음을 전할 수 있을 것이다.

북한이 복음화 될 그날은 멀지 않았다. 그때에는 한국교회와 준비된 탈북민들과 사역자들과 탈북민교회가 함께 어둠의 땅 북한에 복음의 빛을 비춰야 한다. 빛이 어둠을 비추되 어둠이 깨닫지 못하는 존재[6]가 아니라 깨닫고 빛을 비추는 북한 복음화의 역사가 일어나야 한다. 한라에서 백두까지, 백두에서 땅끝까지 성령의 충만한 역사로 모든 민족이 주께 돌아오고 다시 오실 예수 그리스도의 신부가 되는 역사가 곳곳에서 일어나게 될 것이다.

2장. 탈북민의 정체성

1) 탈북민 호칭

 탈북민을 지칭하는 용어는 정말 다양하다. 실향민, 귀순자, 귀순 용사, 조선인, 새터민, 탈북자, 탈북동포, 자유민, 북향민, 통일민, 윗동네사람, 우리 사람, 북한이탈주민, 유목민, 경계인 등이 있으며 앞으로도 무수히 많은 이름으로 불릴 것이다. 지금 나열한 이름은 모두 필자가 직접 겪은 이름이다. 탈북민을 호칭하는 이름에 대한 논란은 앞으로도 계속될 것으로 보인다. 시대에 따라 관점에 따라 그리고 각자의 생각과 공동체에 따라 이름이 바뀌기 때문이다. 그래서 대한민국 정부도 2005년부터 '새터민'이라는 명칭을 사용했지만 '새터'라는 단어가 정체성 부인과 차별적인 표현이라는 반발로 인해 2008년부터 현재까지 '북한이탈주민'이라는 명칭을 사용하고 있다.
 필자는 2010년부터 '탈북민닷컴' 커뮤니티 홈페이지를 운영하면서 '탈북한 사람'이라는 뜻으로 '탈북민'이라는 명칭을 사용하도록 여론화했다. 하지만 탈북민들이 모인 집단이나 공동체에 따라 민주주의 방식으로 자신들이 불리길 원하는 이름을 정했다면 그렇게 불리는 것이 맞다고 생각한다. 다만 탈북민을 대한민국 국민으로 인정하고 차별과 편견 없이 살 수 있는 자유민주주의 대한민국 시민으로 거듭나길 바랄 뿐이다. 탈북민을 지칭하는 무수히 많은 이름이 있지만 이 책에서만큼은 '탈북민'이라는 명칭을 사용하려고 한다.

2) 탈북민의 정체성

탈북민들은 북한에서 태어났다. 아무도 자신이 원해서 그곳에서 태어나지 않았다. 북한은 탈북민들이 가족, 친구, 친척, 이웃들과 함께 정을 나누며 살던 고향이다. 북한에 대한 좋은 추억도 있지만, 북한 정부의 통제 속에서 자유를 누리지 못하고 억압받으며 트라우마를 경험하며 살아야 했다. 1994년 이후 식량난으로 인해 많은 탈북민이 생겨났지만, 탈북 브로커 비용이 인상되면서 탈북의 목적도 다양해졌다. 이제는 더 나은 자유, 교육, 인권 등을 찾아 탈북하는 사람들도 있다.

대한민국 정부는 헌법 제3조에 따라 한반도와 그 부속 도서를 영토로 규정하고 있다. 따라서 북한 주민들도 대한민국 국민의 자격을 가지고 있다. 남북이 70여 년 분단되어 서로 다른 체제와 교육 제도를 채택하고 있으므로 북한에서 교육받은 탈북민들이 대한민국 국민으로서 정착하기 위해서는 자유민주주의 체제와 자본주의 시스템을 이해하는 것이 중요하다.

어릴수록 교육을 통해 대한민국에 정착할 수 있는 확률이 높다. 나이가 있는 탈북민들은 대한민국의 교육을 수용하고 이해하고 동화되는 것에 어려움을 느끼기도 한다. 환경만 바뀌었을 뿐 북한의 문화를 그대로 수용하면서 살아가는 사람들도 있다. 예를 들면 유튜브로 북한의 영화를 보거나 음악을 듣기도 한다. 또한 남과 북이 축구를 하면 북한을 응원하거나 대한민국을 응원하거나 둘 다 응원하는 부류로 나뉜다. 북한을 응원하는 사람들은 축구 선수들이 지고 고국으로 돌아갔을 때 아오지로 보내져 처벌받을 수도 있다는 공포심으로 북한 축구선수를 불쌍한 마음으로 응원한다. 따라서 탈북민들끼리 축구를 응원할 때는 서로 다른 입장에서 응원하므로 격렬한 논쟁이 되기도 한다.

북한에서 살다가 대한민국에 온 탈북민들이 바로 대한민국을 이해하고 정착할 수 있는 것은 아니다. 사전 지식과 경험에 따라 대한민국 사회 적응 시간이 소요된다. 즉 기다림이 필요하다. 대한민국 정부는 북한이탈주민지원법을 1997년에 제정하여 5년 안에 적응할 수 있도록 기회를 제공하고 있다. 정부의 보호 기간이 끝나면 모든 지원이 끊기게 되고 그때부터 스스로 홀로서기를 해야 한다. 많은 탈북민들이 대한민국에 정착한 지 5년에서 7년 정도가 되면 정체성 혼란을 겪기도 한다.

어느 공동체에도 속하지 못하고 정부가 임시로 빌려주는 임대주택 안에서 TV 뉴스만 보는 사람에게 대한민국은 범죄국가 또는 거대한 감옥처럼 보일 수도 있다. 또한 대한민국 정착을 위한 교육 기관인 하나원에서 먼저 온 탈북민을 신뢰하지 않고 다단계나 보험사기 등의 주의 교육을 먼저 받기 때문에 한국 사회를 아직 경험하지 못한 탈북민들에게는 아직 밟아 보지 않은 미개척지처럼 여겨질 수 있다. 또한 대한민국 주류 사회에 진입할수록 학연, 혈연, 지연의 부재로 공동체의 일원이 되지 못하거나 소외감 또는 차별을 느낄 때 정체성의 혼란을 겪기도 한다. 그래서 자신을 재외국민, 조선사람, 유목민, 경계인, 조난자들로 자신의 현주소를 표현하는 일부 탈북민들도 있다.

 3만 4천여 명의 탈북민 중 다수는 대한민국 국민으로서의 자부심을 느끼며 행복한 삶을 살아가고 있다. 대한민국 국민의 자부심을 느끼며 살아가는 탈북민들의 공통점은 그들 곁에 대한민국 국민 친구, 멘토, 교회 공동체가 있는 경우이다. 한국 사회의 좋은 면을 보고 좋은 경험을 통해 행복한 추억을 쌓은 사람들은 대한민국과 국민으로서의 자부심을 품고 있고 대한민국 여권을 가지고 해외를 여행하게 되었을 때 큰 자부심을 느낀다. 결국 정체성은 소속감과 직결되어 있다. 주변에 친구가 되고 가족이 될 수 있는 대한민국 국민과 소속감을 느낄 때 정체성이 분명해진다.

– 탈북민: 더 나은 자유를 찾아 탈북한 사람들

 탈북민들은 더 나은 자유를 찾아 대한민국에 왔다. 북한에는 인권이 없기 때문이다. 진정한 자유는 세상에서 찾을 수 있는 것이 아니다. "진리를 알지니 진리가 너희를 자유롭게 하리라"[7] 예수 그리스도 안에 진정한 자유가 있기에 그 자유

되시는 복음을 찾을 때 비로소 정체성이 분명해진다.

  예수 그리스도 안에서 자신을 발견할 때 하나님의 자녀 됨과 성령의 충만함 안에서 "내게 능력 주시는 자 안에서 모든 것을 할 수 있는 믿음"을 갖게 되고 주님의 몸 된 교회를 통해서 소속감을 느끼고 하나님 나라를 소망하며 온전한 자유를 누릴 수 있다. 탈북민이 자유를 찾아 대한민국에 온 이유는 탈북민들에게 예수 그리스도의 복음을 전하도록 하나님께서 대한민국에 보내신 하나님의 사람들이라는 사실을 분명하게 인지하고 접근해야 한다. 예수 그리스도께 속한 하나님 자녀의 신분이 분명할 때 하나님 나라의 신분을 가지고 이 땅에서 자유할 수 있다.

3장. 탈북민의 트라우마

탈북민의 자살률은 남한의 3배에 달한다.[8] 자유를 찾아 대한민국에 왔지만, 행복도 잠시 과거의 트라우마에 사로잡혀 행복을 온전히 누리지 못하는 정신적 불안증세에 시달리게 된다. 이는 북한에서부터 탈북 과정과 중국과 같은 제3국에서 겪었던 정신적 고통, 우울증, 공황장애, 스트레스 등의 트라우마 때문이다.

트라우마는 외상 후 스트레스 장애로서 지진이나 화산 폭발과 같은 자연재해, 전쟁, 살인, 납치, 교통사고, 화재, 강간, 폭행 등 개인에게 심각한 충격을 주는 외상 사건(traumatic event)을 경험하고 난 후 나타나는 부적응적인 심리적 반응을 말한다.[9] 이러한 증상은 재난, 폭력, 학대, 성폭행 등 다양한 사건을 통해 발생할 수 있다.

탈북민의 트라우마는 북한에서의 경험, 탈북 과정에서의 경험, 중국에서의 경험, 한국에서의 경험들이 낯설고 두려운 가운데 발생하게 된다. 북한에서 경험하는 외상 경험으로는 공개처형 장면의 목격(86.3%) 가족 지인 등 아사자의 목격(85.3%) 구타 장면의 목격(75.8%) 정치 과오로 인해 처벌 받는 사람 목격(67.4%)이고, 탈북 과정 중 경험하는 트라우마는 탈북 과정에서 발각의 두려움(84.2%) 낯선 땅에서 불안과 두려움(84.2%) 국경에서 북한 당국의 검열(60.0%) 중국 경비대(국경 수비대) 검열(55.8%)이다.[10]

탈북민들은 북한에서 겪은 다양한 경험으로 인해 복합적인 트라우마를 가지고 있다. 이러한 트라우마는 탈북 과정에서의 위험과 한국 사회에 적응하는 어려움과 같은 다양한 요인으로 인해 더욱 복잡하게 작용한다.

1) 폭력 트라우마

북한 사회는 유교 문화와 가부장적인 북한 사회이다. 부모 공경을 중시하는 사회인만큼, 부모가 자녀를 때려서 교육해야 한다는 전제가 암암리에 깔려 있다. 북한에서 한 집 건너 아내가 남편에게 맞거나 자녀들이 아빠에게 맞아서 벌 받는 모습을 심심치 않게 봤다.

어떤 탈북민은 '아버지'라는 단어가 두려워 사용하지 못하는 친구들도 있었다. 대한민국에 와서도 무서운 아버지 이미지 때문에 북한 남자를 기피하는 현상을 봤다. 배우자를 선택할 때도 북한 사람은 제외했다. 또 어떤 친구는 아버지에게 복수하는 마음을 가지고 살아가는 친구들도 있었다. 폭력은 폭력을 낳고 그 피해는 고스란히 다음세대가 물려받게 된다.

2) 전쟁 트라우마

탈북민들은 북한에서 직간접적으로 교육받은 '전쟁' 트라우마를 가지고 있다. 북한에서 어릴 적부터 미제국주의 놈들과 왜놈들이 북한을 침략하려 한다고 교육받는다. 평양 인구가 40만인데 미국이 42만 개의 폭탄을 떨어뜨려 평양을 초토화했다. 맥아더는 평양이 일어서려면 백 년이 지나도 불가능하다고 말했다는 식의 내용을 교육했다.

김정은은 "경제 건설과 핵 무력 건설 병진 노선은 주석님과 장군님께서 제시하시고 철저히 구현하여 오신 독창적인 경제 국방 병진 노선의 빛나는 계승이며 … 우리의 핵 무력은 지구상에 제국주의가 남아 있고 핵 위협이 존재하는 한 절대로 포기할 수 없고 억만금과도 바꿀 수 없는 민족의 생명이며 통일 조선의 국보"[11]라며 핵 무력 강화가 북한을 강대국으로부터 지킬 수 있는 유일한 방법이라고 믿고 있다.

북한에서는 수시로 사이렌 소리가 울렸고 사이렌 소리가 울리면 방공호로 대피하며 전쟁을 준비해야 했다. 밤에 사이렌이 울리면 등한지[12]를 통해 불빛이 새어 나가지 않게 하고 침묵의 시간을 보냈다. 이러한 경험은 탈북민들이 한국에 와서도 전쟁의 위험에 대한 불안감을 느끼게 하는 원인 중 하나이다.

3) 굶주림 트라우마

탈북민들에게는 '굶주림' 또는 '가난'에 대한 트라우마가 있다. 북한은 강대국과 맞서기 위해 국방을 강화해야 했고 허리띠를 졸라매서라도 맞서 싸워야 한다는 메시지를 뉴스와 다큐멘터리로 반복적으로 세뇌했다. 또한 북한 인민들이 굶주리는 이유가 미제국주의와 남조선 괴뢰도당 때문이라는 책임 전가를 했다. 북한 주민들은 북한 정부가 만들어 낸 내용을 그대로 믿었고, 굶주림 또는 가난의 원인을 미국에 돌리며 굶어 죽었다. 1994년부터 1998년까지 '고난의 행군'시기에 300만 명 이상의 북한 주민이 아사했다. 평양을 제외한 지방에서는 매일 사람들이 굶어 죽어 나갔다. 가족 중의 한 명 이상이 굶어 죽은 경험을 하게 되었을 경우, 현재 살아남았다고 할지라도 그때의 트라우마는 현재까지 재현된다.

4) 집단주의, 공포정치 트라우마

탈북민들에게 '집단주의 또는 공포정치'에 대한 트라우마가 있다. 탈북민들은 북한에서 살아남기 위해 집단생활을 해야 했다. 북한은 집단주의 국가이기 때문이다. 개인의 사상이나 생각으로 말하고 행동할 수 없다. 오직 "하나는 전체를 위하여 전체는 하나를 위하여"라는 구호처럼 수령, 당, 대중으로 이어져 주체사상 속에 수령으로 귀결이 되는 조직 생활을 해야만 한다.

"북한 사람은 김일성-김정일-김정은과 유기적으로 연결된 정치적 생명체로만 존재할 수 있다. 신앙으로 결속된 집단으로 존재할 때 비로소 존엄한 인간 '주체형의 인간'으로 살아갈 수 있다. 전체주의 북한에서 개인은 홀로 존재할 수 없다. 오직 집단에 속한 사회적 존재로 집단이라는 거대한 덩어리(the One)처럼 존재한다. 수령은 거대한 조직체 곧 유기체의 머리에 해당한다. 당은 유기체의 심장이다. 수령·당은 최고 존엄을 의미하며 최고 존엄은 정치적 생명체에 생명의 숨을 불어넣는 절대적인 존재다. 인민대중은 유기체의 팔과 다리 몸통 등 신체의 각 부분에 해당한다. 이처럼 수령·당·인민대중은 떼려야 뗄 수 없는 하나의 유기체로 사회적 생명체로 존재한다."[13]

북한은 김부자를 머리로 하고 북한 주민들은 그의 지체들로서 '정치적 생명체'로 귀결시켜 집단주의를 강화하고 있다. 북한 사회는 김일성을 중심으로 하는 거대한 종교 국가가 되어 수령과 당의 뜻에 복종하여 하나의 집단이 되어야만 한다. 이들이 만들어 놓은 집단에서 벗어나는 말과 행동을 보일 때는 '공포정치'의 쓴맛을 보아야 한다.

조직의 쓴맛은 어린아이부터 어른까지 사람들 앞에서 생활총화 시간에 서로의 비판을 통해 비판대 앞에 서게 된다. 중범죄에 해당할 때는 사람들 앞에서 총살당하거나 감옥에 갇히거나 영원히 살아서 나올 수 없는 정치범 수용소에 구금된다. 이러한 현상도 직접 경험하거나 간접적으로 경험했다고 하더라도 탈북민들의 기억 속에서 트라우마로 재현된다.

5) 탈북 트라우마

 탈북민들이 '탈북' 과정에서 겪는 트라우마는 심각하다. 탈북은 북한의 폐쇄적이고 통제적인 사회를 벗어나 자유와 인권을 찾아가는 과정이지만 그 과정은 매우 위험하고 생명의 위협이 따르는 경우가 많다. 압록강이나 두만강을 건널 때 국경 경비대의 총에 맞아 죽거나 물에 빠져 죽는 일도 있으며 가족과 헤어져 생사를 알지 못하는 경우도 많다.

 탈북민들은 중국에서 비교적 의식주 문제를 해결할 수 있다. 그러나 중국은 탈북민을 보호할 수 있는 어떠한 정책이나 제도를 갖추고 있지 않다. 탈북민들은 중국에서 불법체류자 신분으로 살아가야 하므로 중국 공안에게 발각되면 강제 북송당할 위험에 처해 있다. 강제 북송당하게 되면 북한에 돌아가 반역죄로 처벌받을 수도 있다. 탈북민들은 이러한 두려움에 시달리며 중국 사회에서 피해자 신분으로 살아가고 있다.

 일부 탈북민들은 중국에서 일부 브로커에게 성폭력, 강간, 인신매매 등의 피해를 입기도 한다. 이러한 경험을 직접 겪었거나 자기방어기제에 의존하여 생존하려고 했던 고난의 시간은 심각한 정신적 고통과 트라우마로 재현된다.

6) 가족 트라우마

 탈북민들에게 '가족' 트라우마는 표현할 수 없을 만큼의 큰 상처이다. 북한에서 굶주림에 죽어간 가족, 단련대에 끌려갔던 가족, 탈북 과정에서 생이별 했던 가족, 의식주 문제를 위해 중국에 왔지만, 강제 인신매매로 팔려 간 가족, 지금도 브로커를 통해 북에 있는 가족에게 송금해 주어야 살 수 있는 가족 등 평상시 우리가 거의 경험하지 못한 가족사의 고통을 안고 있다.[14]

 북한에 가족을 남겨두고 온 탈북민들의 트라우마는 대상에 따라 다양하고 심각하다. 예를 들어 부모가 자녀를 북한에 남겨두고 왔는데 생사를 알지 못하는 경우 매일 눈물을 흘리며 기도하는 모습을 봤다. 또한 자녀가 부모를 북한에 남겨두고 온 경우 가족에 대한 그리움과 외로움으로 "엄마!~"라고 울부짖는 모습도 봤다. 북한에 계신 부모님을 만날 수 없는데 전화로만 소리 듣는 것도 가슴 미어지는 일이다.

 필자 역시 가족과의 이별 또는 사별은 시간이 지나도 치유되기 어려운 트라우마라는 점에 공감한다. 3만 4천여 명의 탈북민 중에서 북한에 있는 가족을 모두 데리고 온 사람은 많지 않다. 따라서 설날이나 명절이 되면 외롭게 시간을 보내는 탈북민들이 많다. 필자도 혈혈단신으로 대한민국에 와서 오랜 기간 홀로 지냈다. 그때에도 하나님은 부모님이 없는 대신 영적 가족을 만나도록 하셨다. 지금은 하나님의 품에 가셨지만, 주선애 교수님은 필자에게 부모님과 같은 존재였다. 현재 필자는 결혼해서 아내와 아들을 얻었고 하나님께서 소중한 가족을 선물로 주셨다. 그럼에도 "가족"의 단어는 여전히 마음을 깊이 파고드는 아픔으로 작용한다.

7) 이념 트라우마

탈북민들에게 '이념' 트라우마가 있다. 북한에서는 미국을 적대시하고 '우리민족끼리' 통일해야 한다는 교육을 받았다. 그러나 탈북민들이 북한에서 탈출하여 북한의 왜곡된 정보와 거짓에 속아 살았다는 사실을 깨닫게 되면, 북한을 적대시하는 성향으로 바뀌게 된다. 즉 보수가 될 수밖에 없다. 북한을 적대시하고 북한 인권을 외치며 북한의 독재를 탄압하고 북한 주민들의 자유와 해방을 위해 싸우게 된다.

한국 정치와 사회에 대한 이해가 생길수록 탈북민을 위한 인권과 정치가 없음을 알게 되면 점차 정치에서 무관심해진다. 이는 북한의 인권보다 대한민국에서 살아가는 개인의 삶이 중요하기 때문이다. 총선, 대선 등 정당 투표에 관한 질문을 받으면 탈북민들은 "모른다."라고 답하는 경우가 많다. 정당에 따라 설득을 시도하지만, 그것은 엄청난 스트레스와 트라우마로 자리를 잡게 된다.

한반도의 전쟁은 휴전 상태이지만 남북 간의 갈등은 여전히 진행 중이다. 이러한 갈등은 이념적 차이에서 비롯된 것이기도 하지만 그보다는 서로에 대한 이해와 배려의 부족에서 비롯된 경우가 많다. 그리스도인들은 이념이 아닌 예수 그리스도의 생명으로 하나 될 수 있음을 알고 있다. 하지만 여전히 많은 그리스도인이 이념적 갈등에 휩싸여 서로를 향해 비난하고 공격하는 모습을 볼 수 있다.

이념적 갈등을 넘어서기 위해서는 서로를 이해하고 배려하는 것이 중요하다. 탈북민들이 남한 사회에 잘 정착할 수 있도록 돕고 남한 사람들이 북한에 대한 편견과 오해를 버릴 수 있도록 노력해야 한다. 또한 그리스도인들은 이념으로 인해 서로를 분열시키는 것이 아니라 예수 그리스도를 통해 하나 될 수 있도록 노력해야 한다.

8) 자본주의 트라우마

탈북민들은 '자본주의' 사회에 적응하는 과정에서 트라우마를 경험하게 된다. 자본주의 자체가 트라우마가 아니라 자본주의 사회로 인해 갖게 되는 속성 중 일부가 트라우마로 자리 잡기 때문이다.

구체적으로 설명하면 북한은 사회주의 국가이기 때문에 개인의 삶은 국가에 의해 통제된다. 개인의 선택권이나 투표권이 없으므로 개인은 자기 삶을 스스로 결정할 수 없다. 예를 들어 취업, 교육, 결혼, 거주지 등은 모두 국가의 배정으로 결정된다.

반면 한국은 자본주의 국가이기 때문에 개인의 자유와 선택권이 존중된다. 개인은 자기 삶에 대한 결정권을 가지고 있으며 선택하고 결정한 것에 대해 개인이 책임을 져야 한다. 이처럼 자기 삶을 스스로 결정하고 책임을 져야 한다는 사실과 경쟁에 익숙하지 않은 탈북민들은 두려움과 불안감을 느끼게 된다. 자본주의 사회의 경쟁 구도 속에서 패배자로 인식되는 것을 두려워하는 탈북민들이 자살을 선택하는 사례도 늘어나고 있다. 이러한 자본주의의 속성은 탈북민들에게 장점으로 작용하기도 하지만 한편 큰 충격과 스트레스 또는 트라우마로 자리 잡을 수 있다.

  탈북민들이 자본주의 트라우마를 극복하기 위해서는 한국 사회의 탈북민들에 대한 더 많은 이해와 배려가 필요하다. 탈북민들은 자본주의 사회에 적응하기 위해 많은 노력과 시간이 필요하기 때문이다.

4장. 탈북민의 어려움

 대한민국에 정착한 탈북민들은 대한민국 국민으로서의 자긍심을 품고 있다. 이는 대한민국이 자유민주주의와 인권, 복지제도를 보장하는 나라이기 때문이다. 탈북민들은 북한에서 누리지 못했던 개인의 투표권, 종교의 자유, 거주 이전의 자유, 여행의 자유 등을 누리면서 대한민국에 온 것을 만족한다.

 대한민국 정부의 지원과 북한과 비교할 수 없는 복지제도는 탈북민들의 초기 정착에 큰 역할을 한다. 탈북민들은 대한민국에서 다양한 복지혜택을 누리면서 경제적 어려움을 극복하고 사회에 적응한다. 그러나 5년 이후에는 만족도가 점차 떨어질 수 있다. 정부 지원이 종료되고 일자리 구하기가 어려워지기 때문이다. 또한 탈북민들은 한국 사회에 대한 이해 부족과 한국어 구사 능력의 한계 등으로 인해 사회에 적응하는 데 어려움을 겪는다.

 2019년 관악구에서 발생한 탈북민 아사 사건은 탈북민들이 겪고 있는 어려움을 잘 보여 준다. 탈북민 여성은 중국인 남편의 실종으로 혼자 아이를 키우고 있었고 경제적 어려움으로 인해 결국 아사했다. 사건이 언론에 보도되면서 탈북민들의 어려움이 여실히 드러났다. 그 집 냉장고에는 고춧가루만 남아 있었고 수도 요금 장기 미납으로 단수 조치되어 식수조차 나오지 않았다. 건강보험료 17개월 미납, 임대 아파트 보증금 547만 원, 월세 9만 원이었으나 월세와 공과금을 1년 가까이 밀린 상태였다. 이처럼 경제적 어려움이 심각한 탈북민들이 많이 있다.

- 탈북민의 어려운 사례

 필자가 섬기고 있는 탈북민 중에는 어려움 가운데 있는 분들이 많이 있다. 그중 세 분만 소개하려고 한다.
 첫 번째는 탈북 2세 20대 친구이다. 이 친구는 강직성 척추염이라는 희귀성 난치 질환을 앓고 있다. 그의 어머니도 희귀성 난치 질환을 앓고 있고 신장이식을 기다리고 있다. 매주 세 번씩 투석해야 하고 한 번 투석할 때마다 4시간이 소요된다. 그의 아버지는 중국 출생이다. 최근에 아버지도 일하다가 손가락이 잘리는 비보를 듣고 심방을 다녀왔다.
 두 번째는 충남 공주에 사는 탈북 여성이다. 15년 전 그 여성에게 아무도 없을 때 가족이 되어 달라는 말에 양아들이 되기로 했다. 그녀는 자궁암, 유방암, 허리디스크 수술도 여러 차례 받았다. 전화할 때마다 병원에 있었고 그때마다 찾아가서 함께 했다. 그 여성에게는 두 딸이 있는데 중국에 팔려 간 후로 찾지 못했다. 시간이 흘러서 한 명은 찾았지만 한 명은 찾지 못했다. 잃어버린 딸을 찾기 위해 지금도 기도하고 있다.
 세 번째는 6개월 된 아기가 북한에서 남한으로 넘어왔는데 고모가 그 아이를 돌보고 있었다. 고모의 아이는 북한에서 시누이가 돌보고 시누이의 아이는 남한에서 고모가 돌보고 있다. 고모는 대한민국에서 아이를 양육하면서 돈을 벌기도 어렵고 양육비도 만만치 않아 정말 어려움을 겪었다. 그래서 함께 하게 된 사역이 어느덧 7년이 흘렀다. 이젠 그 아이도 많이 컸다.

탈북민 대상으로 사역하면서 정말 다양한 환경 가운데 있는 많은 사람들을 만났다. 사업, 도박, 마약, 인신매매, 이혼 등 다양한 어려움을 겪고 있는 사람들을 만났다. 또한 탈조선을 희망하는 사람들부터 시작해서 몸 파는 탈북 여성들 그리고 자살을 결심한 사람들까지 정말 다양한 사람들을 만나면서 어떻게 이들을 도울지 하나님께 항상 기도한다.

첫째. '심리적 외로움'

탈북민들은 대한민국에 생활하면서 가장 큰 어려움은 '심리적 외로움'이다. 수원에 있는 탈북 여성을 만났다. 그녀는 죽고 싶다고 말했다. 그 이유는 아들이 있지만 어린이집에 보낼 수 없고 몸이 아파서 일할 수 없기 때문이라고 했다. 그때 당시에 제3국 출생 자녀들은 대한민국 국적도 취득할 수 없었고 정부의 어떤 도움도 없었다. 어린이집도 돈을 내야 보낼 수 있었다. 지금은 제3국 출생 자녀들이 부모의 혈연관계를 통해 대한민국 국적과 다문화에 속해 어린이집도 무료이다.

탈북 여성은 교회를 찾아가기도 했지만 교인들은 다음 주일에 교회에 나오는 것에만 관심 가질 뿐 따뜻한 마음을 느낄 수 없었다고 했다. 집에 있을 때는 마치 거대한 감옥에 갇힌 것 같다고 말했다. 탈북민 대부분은 가족, 친척, 친구들이 없으므로, 소속감이나 정서적 안정감을 느끼기 어렵다. 특히 자신의 생일이나 설날과 같은 특별한 날에는 외로움을 더 많이 느끼게 된다. 심지어 다시 고향에 가고 싶을 만큼, 아니 죽고 싶을 만큼 우울증에 시달리는 탈북민들도 있다.

필자는 어느 한 탈북민 학부모의 집을 방문한 적이 있다. 그는 한국에 온 지 3년 정도 되었지만, 그동안 밖을 나가지 않았다고 했다. 그 이유는 "한국 사회에 나올 때 정착 지원금 500만 원을 받는데 그것마저도 종교 단체나 선배들이 접근해서 사기 치기 때문에 누구도 믿어서는 안 된다."라는 교육을 받았기 때문이라고 했다. 또한 집 안에서 TV만 보면서 뉴스에 나오는 극단적인 이야기들의 내용 전부가 한국 사회인 것으로 알고 있었다. 결국 그는 작은 임대주택 안에 갇혀 감옥처럼 살고 있었다. 학부모를 만나서 5시간 이야기 나누었다. 필자는 학부모에게 한국 사회가 얼마나 살기 좋은지를 나누었고 모든 사람이 사기꾼이 아니라는 이야기를 해주었다. 어떻게든 감옥 안에서 벗어나 자유를 누리게 해주고 싶었다. 탈북민들은 사람에 대한 상처가 깊다. 때문에 누구도 믿지 못하고 마음 열기까지도 오랜 시간이 걸린다. 그들의 마음을 열고 또한 마음을 얻기까지는 엄청난 신뢰를 쌓을 수 있는 노력과 시간이 있어야 한다.

상대에 대한 존중, 겸손, 공감, 친구가 되려는 마음이 필요하다. 그들에게 다가가기 위해서는 먼저 자신이 어느 정도 좋은 사람인지 그리고 어디까지 신뢰할 만한 사람인지를 삶으로 보여 줄 필요가 있다. 그때에야 비로소 함께 식사도 하고 영화관도 가고 다양한 경험을 공유하며 건강한 관계로 발전시켜 나갈 수 있다.

심리적 외로움은 건강한 관계, 건강한 공동체, 다양한 추억을 쌓을 수 있는 경험을 통해 해소될 수 있다. 이를 위해서는 먼저 탈북민의 상황을 이해하고 존중하는 마음으로 다가가야 한다. 또한 탈북민의 이야기를 경청하고 공감하는 자세가 필요하다. 이러한 노력을 통해 탈북민이 마음의 문을 열고 신뢰할 수 있는 관계를 형성할 수 있다면 자연스럽게 심리적 외로움도 해소될 것이다. 예수님이 겸손하게 섬김의 본을 보여 주셨듯이 탈북민들에게 자신의 사랑을 나누는 것이 전제되어야 한다.

둘째. '경제적 어려움'

탈북민들이 경제 개념에 취약하다. 북한 사회가 자본주의 시스템으로 운영되지 않기 때문이다. 북한에서 생활하던 방식처럼 수입이 생기는 대로 소비하는 경향이 있다. 따라서 저축이나 투자를 생각하지 못하고 살아가는 탈북민들이 많다. 그 결과 열심히 살아도 빚만 늘어나는 경우가 있다. 탈북민들은 북한에 있는 가족에게 송금해야 하고 본인과 자녀의 교육비도 부담해야 한다. 따라서 홀로서기를 하지 못한 상황에서 가족과 주변까지 챙겨야 하므로 경제적 어려움은 매우 심각하다.

탈북민들은 돈을 벌기 위해 열심히 살아가지만 자기 적성에 맞지 않으면 빚만 지고 평생 갚아 나가는 경우가 많다. 이 과정에서 가정이 깨지고 삶을 포기하는 경우도 많이 있다. 탈북민들의 가족 불화와 이혼은 대부분 경제 문제로 발생한다.

탈북민 중에는 사업을 하는 청년들이 있다. 사업이 잘되다가도 한번 무너지면 다시 일어서기 어렵다. 은행의 담보대출을 갚지 못하게 되면 3금융권 이하의 사채까지 끌어다가 쓰다보니 이자를 감당하지 못해 파산하거나 감옥에 가거나 자살로 마무리한다. 이는 탈북민들이 한국 사회에서의 경제적 어려움에 적응하지 못하고 사회 안전망이 부족하기 때문이다.

셋째. '경쟁 사회'

탈북민들은 북한에서 어려서부터 치열한 경쟁을 경험해 보지 못했다. "당이 결심하면 우리는 한다." 북한 사회는 수직적 관계로 이루어져 있고 당의 결정에 따라가는 것이 당연시되었다. 한국 사회에서는 학교에서부터 상대평가 제도를 도입하여 학업 성적을 순위로 매기고 좋은 회사에 취업하는 조건을 갖추기 위해 치열하게 경쟁한다. 심지어 팀 프로젝트를 진행할 때도 서로를 돕기보다는 자신의 매력을 보이기 위해 경쟁하는 경우가 많다.

이런 경쟁 시스템에 익숙한 한국의 다음세대는 무의식적으로 서로를 의식하고 차별하는 경향이 있다. 조금만 모르고 이해력이 떨어지면 집단 따돌림을 당하기도 한다. 한국 사회에서 당연하게 받아들여지는 경쟁 시스템이 탈북민들에게는 버겁게 다가오는 것은 당연하다. 한국에서 어릴 때부터 체계적으로 교육 받아 온 한국인들과 공정한 경쟁을 통해 이길 수 없다는 것은 누구보다 잘 알기에 미리 자포자기하는 경우도 있다. 이는 학교뿐만 아니라 사회 전반에 나타나는 현상이다.

넷째. '차별/편견'

탈북민들이 탈조선 하는 가장 큰 이유는 '차별과 편견'이다. 탈북민들은 한국 사회에서 학연, 혈연, 지연의 혜택을 받을 수 없으므로 진입장벽이 높고 인맥 중심의 사회에서 경계인 또는 조난자[15]로 살아갈 수밖에 없다. 또한 한국 사람들이 가지고 있는 북한에 대한 고정관념과 사전 지식이 탈북민을 대할 때 그대로 투영되기 때문에 서로 오해를 불러일으키고 차별로 받아들이는 경우가 많다.

필자는 한 남한 대학생에게 컴퓨터 활용법을 가르쳐 준 경험이 있다. 그런데 그 학생은 다른 친구에게 "나 탈북자한테서 컴퓨터 배웠다."라고 말하는 것을 들었다. 그 학생은 친구에게 말할 때 아무런 의도가 없었을 수도 있지만 필자는 괜히 차별당한 느낌을 받았다. 서로에 대한 신뢰가 있으면 차별을 받는다는 오해는 줄어들 수 있다. 하지만 이러한 오해는 결국 차별과 편견으로 이어져 서로의 관계를 깨뜨리는 역할을 한다.

한 탈북민 자매는 인천공항 면세점 일을 하기 위해 면접을 나갔다. 그런데 면접관은 탈북민임을 알게 되자 면접도 보지 않고 떨어뜨렸다. 면접관은 "북한에서 왔다는 이유만으로 간첩일 수 있으므로 뽑을 수 없다."라고 했다. 자매가 "국정원에서 조사받고 나왔는데 간첩이 아니다."라고 하자 면접관은 "국정원을 어떻게 믿냐?"고 했다.

2012년 8월, 동국대학교 재학 중이던 탈북 여성[16]은 성남 에어쇼에 참석하려다가 신원을 확인할 수 없다는 이유로 입장을 거부당했다. 단지 탈북민이라는 이유 때문이었다. 청와대 경호처 게시판에 합당한 이유를 요구했지만 앞으로 유사한 상황이 재발하지 않도록 안내했다는 내용의 답변만 받았다. 그 일로 남편과 시댁 식구들에게 간첩이라며 이혼을 요구받았다. 사실이 아님을 시어머니에게 이해시키려고 했지만, 시어머니가 혼절하는 상황까지 가자 결국 법원에 이혼서류를 제출할 수밖에 없었다. 이 문제에 대해 탈북 자매는 표현의 자유에 대해 언급하며 "먹고 살게 해주었는데 비판한다는 것은 도리를 모르는 행동이라는 북한식의 황당한 논리가 남한 사회의 탈북민들에게도 적용된다."라고 지적했다.

필자는 15년 전, 역삼동 근처에 있는 식당에서 서빙을 한 달 정도 한 경험이 있다. 출생지를 물어보지 않아 굳이 탈북민임을 밝히지 않고 일하고 있었다. 함께 서빙하는 사람들은 한국인들이었고 주방에서 설거지하는 4명이 다 조선족들이었다. 어느 날 탈북 여성이 조선족들 사이에 들어와 설거지를 하고 있었다. 조선족들이 북한 여성에게 온갖 궂은일을 다 시켰고 텃세를 부리면서 차별하는 것을 현장에서 목격했다. 탈북 여성은 다음날부터 출근하지 않았다.

남과 북은 어떻게 하나가 될 수 있을까? 이 땅에 온 3만 4천여 명 탈북민들의 다름을 인정하고 함께 살아낼 수 없다면 2천 5백만 명의 북한 주민들과 하나가 되는 것은 더욱 힘든 과제이다. 무관심은 차별을 일으키고 서로를 이해하려는 노력 없이는 하나가 될 수 없다. 하나가 되기 위해서는 서로에 대한 다름을 인정하고 서로 배우려고 하는 겸손이 내재 될 때 비로소 차별과 편견은 사라질 수 있다.

다섯째. '언어'

탈북민들이 한국 사회에서 가장 어려워하는 것이 바로 '언어'이다. 남과 북은 서로 같은 언어를 사용하지만, 그 의미와 해석에는 차이가 있다. 남한은 서구문화를 받아들여 영어를 생활 용어의 일부로 사용하고 SNS가 발달하면서 MZ세대 사이에서 줄임말과 신조어가 생겨나고 있다. 반면 북한은 언어를 정치적 도구로 사용하면서 외래어를 조선말로 다듬어 사용하고 있다. 북한은 중국과의 교류가 활발해지면서 두만강과 압록강 주변 지역에는 조선족의 영향을 받아 연변 사투리를 사용하는 경우도 있다. 남한과 북한의 70년 분단은 결국 민족 동질성의 가장 기본적 토대가 되는 언어의 이질화까지 초래했다.

 탈북민들이 남한 사회에 왔을 때 언어의 차이로 인해 오해와 갈등이 생기게 되고 차별로 이어지기도 한다. 2014년 통일부 남북하나재단의 설문에 따르면 3,236명 응답자 중 68.6%가 '문화적 소통방식이 다르다는 점에서' 차별당했다고 답했다. 그러면 남북 언어는 무엇이 서로 다른지 예를 들어 보겠다. 북한은 평양말을 '문화어'로 사용하고 있고 남한은 서울말을 '표준어'로 사용하고 있다. 남북한 언어가 무엇이 다른지 알아보겠다.

〈서로 다른 남북한 언어 예시〉

표준어 (서울)	문화어 (평양)
괜찮다	일없다
아이스크림	얼음보숭이, 아이스크림
제출하다	바치다
가르치다	배워주다
개고기	단고기
핸드폰	손전화기
라면	꼬부랑국수, 즉석국수, 라면

 예시를 통해 볼 수 있듯이 같은 뜻을 나타내는 말도 서로 다를 수 있다. 그것도 북한의 지역마다 차이가 있다. 한류 문화가 들어가면서 K-드라마를 통해 보고 듣고 배운 사람들은 한국말을 따라 하기도 한다. 탈북민들은 북한에서 배운 언어체계로 한국 사회에서 살아갈 때 외래어, 영어로 된 표

현을 알아듣지 못한다.

① 영어

대다수 탈북민은 영어에 대한 두려움이 있다. 식당, 마트 등 어디를 가도 영어를 사용하기 때문이다. 예를 들어 피자집에서 메뉴판, 치즈크러스트, 토핑, 미디엄, 라지, 핫소스, 피클, 샐러드, 무한리필, 맴버십카드, 포인트 등의 용어를 알아듣지 못하기 때문에 피자 하나를 시키는 것조차 어려움을 느낀다. 또한 호프(HOF), 코엑스(COEX), 포스코(POSCO), 마트, 슈퍼마켓, 플라자, 스토어, 레스토랑 등의 영어를 모르기 때문에 위축된다. 식당에 가서도 '뭘 먹을래? 메뉴 정해 봐'라고 하면 먹어 본 적이 없고 식당에서 메뉴를 시켜 본 적이 없어서 '아무거나요.'라고 답한다. 또한 식당에서 포크, 냅킨, 테이블, 더치페이, 토스트, 수프, 디저트, 커피, 스파게티, 와인, 스테이크, 돈가스, 치킨, 샌드위치 등의 용어가 있고 커피숍에 가면 커피만 있는 것이 아니라 아메리카노, 바닐라라떼, 에스프레소, 카푸치노 등의 키오스크 앞에서 까막눈이 된다. 하나하나 익숙하지 않은 생활 용어들이 탈북민들의 사회생활에 장애가 된다.

핸드폰을 매장에서 구매할 때도 일시불과 할부라는 용어를 이해하지 못하고 핸드폰 약정서에 약관을 읽고 동의란에 체크하게 되는데 무슨 내용인지 이해하지 못한 채 체크하게 된다. 설명을 듣더라도 무슨 말인지 이해 못 하고 이해한 것처럼 머리만 흔든다. 핸드폰이 고장이 나면 A/S 센터로 안내하면 그 말을 이해하지 못한다. A/S 센터라는 말을 '수리점' 혹은 '수리방'이라고 말해야 알아듣는다. 모든 탈북민에게 해당하는 내용은 아니지만, 탈북민들이 한국 사회 초기 정착 과정에서 겪게 되는 어려움 중 하나이다.

② 발음과 억양

탈북민들은 서울말을 배우고 싶어 한다. 서울 발음은 대체로 높낮이가 심하지 않아 부드럽게 들리지만 함경도 방언은 억양이 높게 시작해서 낮게 떨어지는 소리가 반복되고 빠르다. 이 때문에 때로는 화난 사람으로 오해받기도 하고 함경도 사람들끼리 이야기하다 보면 주변 사람들이 싸우는 것으로 오해하는 경우도 종종 있다.

북한의 말투와 직설적인 표현은 남한 사람들에게 강한 인상과 무지함의 부정적인 이미지를 심어주기도 한다. 북한 억양이나 사투리 때문에 사회적으로도 불이익을 당하는 사람들이 많으므로 탈북민들은 서울 표준어를 배우려고 노력한다.

③ 호칭어

북한은 "엄마"라는 용어는 사용하지만 "아빠"라는 용어는 잘 사용하지 않는다. 어릴 적부터 "아버지"라고 부르도록 교육하고 청년이 되어서는 부모님을 "아버님", "어머님"이라는 존경어를 사용한다. 사적인 장소에서 남편을 이야기할 때는 "세대주"라는 높임말을 쓴다. 지방마다 차이는 있지만 와이프를 "안까이, 마누라, 안해, 색시, 처"라는 말을 사용한다.

"누나"를 "누이"라고 할 때가 많고, "누님"은 잘 사용하지 않는다. 그리고 이모뻘 되는 모든 여자를 "이모", "아지미"라고 부르고, 어머니보다 약간 나이 들어 보이는 분에게 "큰어머니", "아주머니"라고 부른다. 삼촌뻘 되는 모든 남자를 "삼촌" 또는 "아저씨"라고 부르고, 아버지보다 나이가 들어 보이는 분을 "큰아버지"라고 부른다.

남한에서 가장 일반적인 호칭인 의존명사 "씨"와 접미사 "-님"은 북한에서 거의 사용하지 않는다. 이유는 "씨"가 자본주의적 성격을 반영한다고 보는 시각 때문이다. "아가씨", "서방", "도련", "바깥양반"이라는 말은 봉건사회의 잔재라고 보아 사용하지 않는 것으로 보인다.

북한은 사회주의 집단공동체이기 때문에 "동무", "동지", "아바이", "형님", "동생" 등의 호칭을 많이 사용한다. 식당에서는 "손님"이라고 부르고 서빙하는 종업원을 "접대원"이라고 한다. 북한에서는 교육, 보건, 과학 연구기관 등 사회적으로 존경받는 사람을 "선생님"이라고 부른다. "교수 선생님", "기자 선생님", "박사 선생님" 등으로 "선생님"을 붙인다.

우리는 한민족이고 공통 언어는 한국어를 사용하고 생김새도 비슷하다고 하더라도 탈북민들에게 한국은 외국으로 이주한 것과 같이 다른 문화와 사고 방식의 차이가 있다. 또한 상대적 빈곤감, 박탈감, 좌절감, 자기 상실감, 심리적 고통이 한국 사회의 적응을 더 어렵게 만들며 신앙 갈등으로 이어지게 한다.[17] 같은 단어를 사용할지라도 서로 다른 이해와 해석은 의도치 않은 오해와 언어 장애가 발생하기도 한다.

여섯째. '교육'

① 책 요약

한 탈북민은 "북한에서는 배고파 죽겠고, 중국에서는 불안해 죽겠고, 한국에서는 몰라서 죽겠다."라고 말했다. 탈북민들이 가장 어려워하는 것은 책을 읽고 이해한 내용을 요약하는 것이다. 탈북민들은 단어에 대한 이해 부족과 어휘력 부족으로 어려움을 겪는다. 이는 북한에서의 교육 부족과 같은 원인도 있지만 같은 단어라도 북한과 한국의 의미가 다르고 해석이 달라서 더 큰 어려움을 겪는다. 또한 책에는 한국어만 있는 것이 아니라 외래어, 신조어 등 다양한 언어가 사용되기 때문에 긴 글을 읽고 이해하는 데 어려움을 겪는다.

책을 읽고 이해한 것 같아도 질문해서 물어보면 제대로 이해하지 못한 경우가 있다. 따라서 단어와 문장을 자세하게 설명하면서 이야기할 필요가 종종 있다.

② 글쓰기

탈북민들은 '글쓰기'에도 어려움을 겪는다. 어려서부터 일기장을 쓴 경험이 있으면 글쓰기의 두려움이 조금은 해소될 수 있지만 그렇지 않은 사람들은 어떻게 글을 써야 하는지 어려워한다. 말은 잘하는데 글을 잘 쓰지 못하는 탈북민들이 많다. 자신이 쓴 글을 다른 사람들이 볼 수 있다는 두려움 때문에 다른 사람을 의식해서 쓰지 못하는 경우도 있다. 글은 자주 써야 실력이 향상되지만, 글쓰기를 주저하다 보니 계속

글 쓰는 것을 어려워한다.

대학교에 진학한 탈북학생들은 대부분 과제가 글쓰기이다. 2~3페이지 이상의 과제를 작성해야 하면 일부 탈북학생들은 복사해서 붙여넣기식의 과제로 대체하는 경우가 많다. 그렇게라도 글을 쓰려고 노력하면 시간이 지나면서 글 실력이 향상될 수 있지만 미리 겁을 먹고 글을 쓰지 않고 과제를 다른 사람에게 부탁하게 되면 글쓰기는 평생 어렵게 된다.

③ 발표

탈북민들은 '발표'를 어려워하는 경우가 많다. 말 잘하는 것과 발표는 다르기 때문이다. 발표는 말하고자 하는 주제에 대한 객관적 근거를 통해 충분히 설명해야 하기 때문이다. 따라서 발표를 위해서는 충분한 책과 자료를 읽고 공부해야 한다. 또한 컴퓨터 활용 능력도 있어서 PPT를 잘 만들고 심지어 영상 편집까지도 할 수 있으면 도움이 된다.

이 모든 것을 완벽하게 준비한 후 관객과 눈을 맞추며 자신 있게 발표할 수 있어야 한다. 발표는 타인들의 평가에 대한 두려움을 극복하는 자신감의 문제이기 때문이다. 그런데 탈북민들은 자존심은 강해도 자신감은 떨어지는 경우가 많다. 앞선 사람이 발표를 너무 못하면 자신도 못할 것 같아 발표를 두려워하고 앞선 사람이 발표를 너무 잘하면 자신과 비교하여 발표를 두려워한다.

한 탈북 여대생은 발표를 맡게 되어 부득이 발표해야만 하는 상황이 되었다. 난생처음 사람들 앞에 발표해야 해서 두려움을 극복하고자 대낮에 술을 마시고 발표지를 손에 들고 부들부들 떨면서 발표했다. 그렇게라도 노력했다는 것에 응원을 보낸다. 대학교 수업은 교수와 학생들의 발표 평가가 반영되어 점수를 주기 때문에 앞에 있는 사람들을 의식하면 발표는 쉽지 않다.

어려서부터 사람들 앞에서 자신의 의견을 표현하는 기회를 많이 얻거나 토론 문화를 통해 발표의 경험을 쌓아둔다면 내성적인 사람도 노력의 결과를 얻을 수 있다. 하지만 발표를 계속 미루다 보면 발표 실력은 나아지지 않는다. 발표의 대가인 스티브 잡스도 한 번의 발표를 위해 같은 장소에서 한 달 이상을 연습한다고 한다. 발표는 노력과 경험을 통해 실력이 향상된다. 경험을 쌓을 수 있도록 기회의 장을 제공하고 실수하더라도 응원할 수 있어야 한다.

그 외에도 탈북민들에게 필요한 교육의 어려움은 너무 많다. 그 대안으로 지성과 인성과 영성을 함양하는 기독교 교육이 필요하다. 먼저 한국어 이해가 선행되어야 한다. 이를 위해 기초적인 한국어 교육과 더불어 영어 교육도 병행되어야 한다. 또한 한국의 역사와 문화를 이해하기 위한 역사 탐방과 컴퓨터 활용 교육도 필요하다.

또한 탈북민들이 다양한 분야에 대한 지식을 쌓고 사고력을 키울 수 있도록 독서토론 모임과 같은 기회를 제공해야 한다. 이러한 교육과 지원을 통해 탈북민들이 한국 사회의 일원으로서 활발하게 활동할 수 있을 것이다.

탈북민들이 한국 사회에 정착하고 성공하기 위해서는 이론과 실무를 병행한 맞춤형 전문 기술 교육이 필요하다. 대한민국 교육 기관을 통해 학력만을 위한 공부만 하다 보면 자기 적성을 발견하지 못하고 사회의 필요한 인재가 될 수 없다. 따라서 탈북민들이 한국 사회에서 필요한 직업과 연계된 전문 기술을 습득할 수 있도록 지원해야 한다.

 이 책을 읽는 대한민국 국민 중에는 자기 삶이 어렵다고 생각하는 사람도 있을 것이다. 모든 것은 상대적이기 때문에 자신의 고통이 가장 크고 자신의 문제는 다른 사람의 문제보다 크게 느껴지기 때문이다. 그러나 탈북민의 어려움을 다루는 이유는 타자의 어려움을 알 때 조금이라도 공감하고 이해하고 함께 기도하고 도울 수 있기 때문이다.

 필자도 탈북민이기 때문에 탈북민들의 어려운 이야기를 들으면서 더 깊은 공감을 할 수 있었다. 공감을 통해 무엇을 돕고 함께 할 수 있을지에 대한 방법론을 찾게 되었다. 사랑보다 이념이 앞서지 않고 "이 모든 것 위에 사랑을 더하라"[18]는 말씀대로 친구가 되고자 했다. 무관심은 또 다른 한 영혼을 잃게 할 수도 있다. 한 사람에 관한 관심은 한 영혼을 살릴 수 있다.

Part 2
탈북민 선교

1장. 탈북민 선교의 필요성

1) 창조의 목적, 예배 회복

"태초에 하나님이 천지를 창조하시니라"[19]

하나님은 우주 만물을 만드신 분이시다. 혼돈과 흑암과 공허한 상태에서 하나님은 함께 하시며 창조의 역사를 이루셨다. 하나님은 자신의 형상대로 인간을 지으시고 코에 생기를 불어 넣으셨다. 인간은 하나님의 생명을 부여받아 하나님과 교제하며 살아가는 영적인 존재이다. 인간은 하나님으로만 채워졌을 때 비로소 공허함이 사라지고 무질서가 질서로 바뀌게 된다. 그리고 하나님 나라의 의와 희락과 화평과 기쁨이 충만하게 된다.

탈북민들이 창조의 하나님을 만나면 자유를 찾아온 그들이 하나님 안에서 진정한 자유를 누리게 된다. 그들의 정체성이 예수 그리스도 안에서 분명해지고 하나님께서 우리를 창조하신 목적을 회복하게 된다. 그러므로 우리는 그들에게 복음을 전하고 일대일 제자 양육을 통해서 하나님을 예배하는 예배자로 세워야 한다. "이 백성은 내가 나를 위하여 지었나니 나를 찬송하게 하려 함이니라"[20] 하나님은 탈북민을 대한민국으로 보내셨다. 그들이 하나님이 창조주임을 기억하고 하나님을 예배하기를 원하신다.

2) 하나님의 형상 회복

"하나님이 자기 형상 곧 하나님의 형상대로 사람을 창조하시되 남자와 여자를 창조하시고 하나님이 그들에게 복을 주시며 하나님이 그들에게 이르시되 생육하고 번성하여 땅에 충만하라, 땅을 정복하라, 바다의 물고기와 하늘의 새와 땅에 움직이는 모든 생물을 다스리라 하시니라"[21]

하나님은 우리 모두를 사랑하신다. 북한에서 복음을 전할 때 주셨던 말씀이 있다. "내가 북한 사람들을 얼마나 사랑하는지 아니? 저들은 저주받아야 할 대상들이 아니라 예수 그리스도의 생명으로 회복되어야 할 하나님의 형상들이다." 하나님은 북한 주민을 사랑하신다. 탈북민 선교를 하면서 한 영혼 한 영혼을 품고 기도할 때 주셨던 말씀이 있다. "자기 사람들을 사랑하시되 끝까지 사랑하시니라"[22] 하나님은 탈북민을 사랑하신다. 하나님의 사랑은 하나님을 사랑하는 우리에게 당신의 형상을 닮아가도록 하신다.

한 영혼이 하나님께 돌아와 하나님의 형상으로 회복되는 것을 하나님은 기뻐하신다. 탈북민들도 마찬가지이다. 하나님은 그들을 부르셔서 하나님의 자녀 삼으시고 그들에게 복을 주시기를 기뻐하신다. 그들을 통해서 하나님의 뜻을 이루기를 기뻐하시기 때문이다. 그러므로 우리는 하나님이 기뻐하시는 사역을 해야 한다. 함께 하나님을 닮아가기 위함이다.

3) 예수 그리스도 안에서 하나 되기

"하늘에 있는 것이나 땅에 있는 것이 다 그리스도 안에서 통일되게 하려 하심이라"[23)]

동서독이 통일된 지 어느덧 30년이 지났다. 영토와 행정은 통일을 이루었지만, 사람의 통일은 아직도 진행 중이다. 남과 북은 어떠한가? 동서독보다 갈 길이 멀다. 이념, 정치, 경제, 사회, 문화, 철학, 종교 등 어떤 것으로도 하나가 될 수 없다. 무력으로 통일을 이루었다 할지라도 사람의 통일은 어렵다.

예수님은 십자가에 달리시기 전, 죄악으로 물든 인간들을 위해 하나님께 중보하셨다. "아버지여, 아버지께서 내 안에, 내가 아버지 안에 있는 것 같이 그들도 다 하나가 되어 우리 안에 있게 하사 세상으로 아버지께서 나를 보내신 것을 믿게 하옵소서 내게 주신 영광을 내가 그들에게 주었사오니 이는 우리가 하나가 된 것 같이 그들도 하나가 되게 하려 함이니이다 곧 내가 그들 안에 있고 아버지께서 내 안에 계시어 그들로 온전함을 이루어 하나가 되게 하려 함은 아버지께서 나를 보내신 것과 또 나를 사랑하심 같이 그들도 사랑하신 것을 세상으로 알게 하려 함이로소이다"[24)]

예수님은 십자가에 죽으심으로 우리의 죄를 대속하시고 하나님과 우리 사이에 화목을 이루셨다. 하늘에 있는 것들과 땅에 있는 모든 것들이 다 예수 그리스도 안에서 하나가 될 수 있다. 예수 그리스도의 기도는 "내가 그들 안에 있고 아버지께서 내 안에 계시어 그들로 온전함을 이루어 하나가 되게 하소서"이다. 우리는 구원자이신 예수 그리스도가 하나님의 아들이신 것과 하나님께서 예수 그리스도를 사랑하신 그 사랑을 온전히 경험해야 한다. 우리는 복음 안에서 온전한 하나가 될 수 있다. 오직 예수 그리스도 안에서 통일을 이룰 수 있다. 그때에는 북한, 한국, 일본, 미국, 중국 등 인종과 국적을 불문하고 하나님이 사랑하시는 사람들을 사랑하고 하나가 될 수 있다. 이 과제는 우리의 평생 기도 제목이자 풀어야 할 숙제이다. 진리의 성령이 우리 안에 임재하시면 하나님과 하나 됨, 이웃과 하나 됨이 가능하다.

4) 하나님 나라 확장

"그러므로 너희는 가서 모든 민족을 제자로 삼아 아버지와 아들과 성령의 이름으로 세례를 베풀고 내가 너희에게 분부한 모든 것을 가르쳐 지키게 하라 볼지어다 내가 세상 끝날까지 너희와 항상 함께 있으리라 하시니라"[25)]

하나님의 아들 예수 그리스도의 명령은 예수 그리스도의 제자들이 반드시 복종해야 할 명령이다. 그 명령은 다음과 같다. 첫째, 너희는 가서 모든 민족을 제자로 삼아라. 둘째, 아버지와 아들과 성령의 이름으로 세례를 베풀어라. 셋째, 내가 너희에게 분부한 모든 것을 가르쳐라. 넷째, 그리고 지키게 하라.

북한선교는 왜 해야 하는가? 탈북민 선교는 왜 해야 하는가? 북한선교와 탈북민 선교는 예수님께서 우리에게 맡기신 사명이다. 우리는 탈북민들에게 가서 복음을 전하고 제자로 삼아야 한다. 또한 탈북민들에게 아버지와 아들과 성령의 이름으로 세례를 베풀고 예수님의 말씀을 가르치고 함께 지켜야 한다.

우리가 가야 할 영역은 영토의 영역뿐만 아니라 사람의 영역이다. 사람의 영역으로 찾아가는 선교를 해야 비로소 북한을 넘어 세계 열방으로 복음을 전할 수 있다.

북한선교는 해도 되고 안 해도 되는 선교가 아니라 반드시 해야만 하는 하나님의 명령이다. 하나님께서 우리에게 보낸 탈북민을 복음으로 잘 양육하여 함께 땅끝 선교의 동역자가 되어야 한다.

2장. 탈북민 다음세대 준비

북한선교를 위해서는 먼저 '사람 준비'가 필요하다. 먼저 자신이 준비되어야 하고 더 나아가 함께 할 수 있는 동역자들을 세워가야 한다. 북한의 복음화를 위해 함께 준비하는 과정에는 먼저 보냄을 받은 탈북민들과의 교제가 중요하다. 그 이유는 북한을 알기 전에 먼저 북한 사람을 바로 알아야 하기 때문이다. 북한을 배우기 위한 가장 좋은 스승은 다름 아닌 북한에서 살다가 남한으로 온 탈북민들이다. 이들과 함께 복음으로 살아내는 것이 중요하다. 이 작은 준비는 결국 통일 이후 북한에 가서도 함께 사역할 수 있는 밑거름이 될 것이다. 탈북민 한 명 제자 삼는 것이 북한에 교회 하나 세우는 것과 같다고 할 수 있다.

탈북민 다음세대를 준비하기 위해서는 신앙과 전문성을 겸비하도록 하는 것이다. 첫째는 복음의 증인으로 준비되는 것이고, 둘째는 다양한 영역에서 전문가로서 준비되는 것이다. 북한에 문이 열리기 전에 남한에서 먼저 준비하여 세워지는 것이 중요하다. 이러한 준비 과정에서 한국교회의 역할이 매우 중요하다.

1) 복음의 증인

"너희는 예루살렘 거리로 빨리 다니며 그 넓은 거리에서 찾아보고 알라 너희가 만일 정의를 행하며 진리를 구하는 자를 한 사람이라도 찾으면 내가 이 성읍을 용서하리라"[26] 정의를 행하며 진리를 구하는 한 사람으로서 하나님 앞에 바로 서는 것이 무엇보다 중요하다. 하나님은 일한 결과가 아니라 하나님과의 관계에서의 순종을 더 중요하게 여기시기 때문이다.

"큰 집에는 금 그릇과 은 그릇뿐 아니라 나무 그릇과 질그릇도 있어 귀하게 쓰는 것도 있고 천하게 쓰는 것도 있나니 그러므로 누구든지 이런 것에서 자기를 깨끗하게 하면 귀히 쓰는 그릇이 되어 거룩하고 주인의 쓰심에 합당하며 모든 선한 일에 준비함이 되리라"[27] 하나님이 쓰시기에 준비된 그릇이 되려면 자신을 깨끗하게 해야 한다. 그럴 때만이 '자기의 의'가 아닌 '하나님의 의'를 드러내며 하나님께 영광을 돌리며 살아갈 수 있다.

복음의 증인으로는 먼저 하나님의 말씀에 순종하여 살아가는 제자들을 준비시키는 것이 중요하다. 이 사역을 위해서 말씀 중심으로 일대일 양육이 필요하다. 하나님의 말씀은 기독교 가치관을 통해 자신의 정체성을 찾게 해준다. 말씀 안에서 하나님의 자녀 됨과 하나님 나라의 소망을 붙잡도록 함께 해야 한다. 따라서 이 땅에서 받는 고난을 잠시 누릴 세상의 영화와 바꾸지 아니하는 하나님 나라의 자녀들로 진리 안에서 자유함을 누리며 살아가게 된다.

2) 전문가

북한선교를 위해서는 '전문성'을 갖춰야 한다. 북한선교는 말보다는 삶으로 보여줘야 한다. 전문성을 바탕으로 삶의 자리에서 묵묵히 섬기고 사랑하며 믿는 자로서 함께 살아가야 한다. 결국 우리가 할 수 있는 것이 아니라 하나님이 그들의 마음을 만지시고 변화시키시는 능력을 믿는 것이다.

"나는 심었고 아볼로는 물을 주었으되 오직 하나님께서 자라나게 하셨나니 그런즉 심는 이나 물 주는 이는 아무 것도 아니로되 오직 자라게 하시는 이는 하나님뿐이니라"[28] 사도 바울과 같이 우리는 하나님이 모든 것을 하셨다고 고백할 수밖에 없게 된다.

따라서 삶으로 접근할 수 있는 전문적인 부분을 하나님이 주신 달란트에서 찾아 개발하여 봉사의 일을 통해 그리스도의 몸을 세워야 한다. "그가 어떤 사람은 사도로, 어떤 사람은 선지자로, 어떤 사람은 복음 전하는 자로, 어떤 사람은 목사와 교사로 삼으셨으니 이는 성도를 온전하게 하여 봉사의 일을 하게 하며 그리스도의 몸을 세우려 하심이라"[29] 하나님께서 우리에게 허락하신 전문성이나 직분은 서로 다를 수 있지만 목적은 같아야 한다. 삶의 자리에서 그리스도의 몸을 이루는 하나님의 나라를 확장해 나가는 것이다. 하나님 말씀의 가치인 기독교 가치관을 바탕으로 교육, 정치, 문화, 예술, 경제, 음악, 농업 등 다양한 영역에서 하나님의 공의와 정의를 구현하는 삶을 살아갈 때 준비된 일꾼들을 통해서 하나님의 뜻대로 건강한 통일국가가 세워질 수 있다. 따라서 신앙의 바탕 위에 전문성을 갖추어 탈북민들과 함께 선교의 동역을 이루는 것이 중요하다.

3) 신앙, 정체성, 자립, 공동체 필요

통일세대를 준비하기 위해서 남북 청년들에게 '신앙', '정체성', '자립', '공동체'가 필요하다. 이것은 교회 안에서 탈북민 성도들과 남한 성도 간의 통일 모델 공동체로서 작게나마 실천할 수 있는 부분이 될 수도 있을 것이다. 하지만 북한선교는 열심만 가지고서는 일을 그릇되게 할 뿐이다. 그 이유는 방법론에 있어 접근성인데 선교보다는 구제가 차지하는 비중이 크기 때문이다. 이로 인해 '돕는다'라는 개념이 더 강하게 되고 물질적인 구제가 크다 보니 복음보다는 본질을 제외한 알맹이 없는 선교의 결과가 나타나게 된다. 따라서 북한선교를 위해 관계 맺음을 잘하고 삶으로 친구가 될 수 있고 함께 살아갈 수 있는 전문인 선교사들을 발굴하고 양성해야 한다.

결국 한 영혼이 천하보다 귀하기 때문에 한 사람에 대한 집중적인 돌봄이 필요하다. 서로의 다름은 틀림이 아니며 서로의 문화와 삶의 경험과 지식을 존중할 때 하나가 될 수 있다. 예수님이 죄인들과 함께 먹고 마시며 친구가 되었듯이 북한선교도 이와 같다. 가시를 안으면 안은 사람은 고통을 느끼지만 가시는 포근함을 느낀다고 하는 표현처럼 하나님의 사랑으로 잃어버린 자들을 하나님의 사랑으로 품고 함께 아파하고 함께 기뻐하는 것이 북한선교다.

 북한선교를 한 줄로 요약하면 '예수님을 필요로 하는 이들과 함께 사는 것'이라고 말할 수 있다. 자기의 권리를 내세우며 성공 주의를 지향하며 살아가는 자기중심적인 사람들과 달리 생명의 복음을 들고 고향에 돌아가 복음의 회복을 위해 준비하는 사람들을 키워야 한다. 이렇게 준비된 사람들이 결국 목숨을 걸고 서울에서 평양, 평양에서 예루살렘까지 진리를 선포하는 복음의 증인이 될 것이다.

3장. 탈북민을 사랑하는 법

"탈북민을 어떻게 사랑할 수 있을까?" 트라우마 속에 갇혀 살아가는 이들을 이해하고 공감하고 사랑하는 것은 쉽지 않다. 알면 알수록 사역하면 할수록 그 어려움은 더해진다. 그러나 하나님은 우리에게 숨 쉴 수 없을 만큼의 고통 가운데 있는 탈북민을 보고 듣고 기도하고 사랑하는 마음을 허락하셨다.

우리는 모두 죄로 인해 죽을 수밖에 없는 존재들이었지만, 하나님께서 우리 각 사람을 먼저 사랑하셨다. 그의 사랑을 통해 생명을 얻게 된 우리는 하나님의 사랑에 빚진 자들이다. 따라서 탈북민을 사랑하는 것이 사랑의 빚을 갚는 것이다.

누가복음에 보면 '탕자의 비유'[30]가 있다. 한 아버지가 두 아들을 두었는데 한 아들이 자기 재산을 가지고 집을 나갔다. 재산을 탕진하고 갈 곳이 없게 되자 그는 회개하고 아버지께 돌아갔다. 아버지는 아들을 보고 기뻐하며 제일 좋은 옷을 입히고 손에는 가락지를 끼우고 발에는 신을 신기고 살진 송아지를 잡아 잔치를 베풀었다. 아버지는 아들을 아낌없이 환대했다.

하나님 아버지는 우리를 조건 없는 사랑, 환대의 사랑으로 품으신다. 우리는 하나님 아버지를 닮아가야 한다. 하나님 아버지를 닮아 탈북민을 환대[31]할 때 탈북민들의 마음도 열릴 것이다.

1) 사랑과 화해의 복음

1950년 6월 25일, 북한은 남한을 침략하여 3년간의 한국전쟁을 일으켰다. 이 전쟁으로 인해 약 170만 명의 사망자가 발생했고 동족 간 상잔이라는 비극을 낳았다. 전쟁은 아직 끝나지 않았으며 휴전 상태가 유지되고 있지만 전쟁의 트라우마는 분단 70년이 지난 지금까지도 이념적 갈등으로 이어지고 있다.

이러한 현상이 사라지지 않는 이유는 무엇일까? 대한민국 사회뿐만 아니라 교회도 이념적 갈등에서 벗어날 수 없다. 북한을 적으로 볼 것인지 아군으로 볼 것인지에 대한 문제에 있어서조차 의견이 분분하며 북한에 대한 인도주의적 지원 여부에 대해서도 논란이 계속되고 있다. 심지어 탈북민 선교를 하는 사람들조차 빨갱이로 몰리는 경우도 있다.

이러한 문제를 해결할 수 있는 대안은 무엇일까? 이 질문에 대한 답을 찾기 위해서는 다시금 복음적 정의가 필요하다. 복음은 단순히 예수님의 죽음과 부활을 믿는 것만을 의미하는 것이 아니라 예수님의 사랑과 정의, 평화를 실천하는 것이기도 하다.

복음은 죄인 된 인간들을 구원하기 위해 독생자 아들을 내어 주신 하나님의 사랑이다. "사랑하지 아니하는 자는 하나님을 알지 못하나니 이는 하나님은 사랑이심이라 하나님의 사랑이 우리에게 이렇게 나타난 바 되었으니 하나님이 자기의 독생자를 세상에 보내심은 그로 말미암아 우리를 살리려

하심이라"[32] 하나님의 사랑은 구원의 능력이며 관계의 회복이다.

우리는 하나님의 심판대 앞에서 죄인일 수밖에 없고 그래서 하나님과 원수가 되었다. 그러나 예수님의 십자가 희생으로 인해 우리는 구원을 얻었고 하나님의 자녀가 되었다. 따라서 복음은 용서이고, 화평이며, 사랑이다. "그는 우리의 화평이신지라 둘로 하나를 만드사 원수된 것 곧 중간에 막힌 담을 자기 육체로 허시고"[33] 하나님은 복음을 통해 우리에게 용서와 화해를 베풀어 주셨으며 우리도 이 사랑을 실천해야 한다. "나는 너희에게 이르노니 너희 원수를 사랑하며 너희를 박해하는 자를 위하여 기도하라"[34] 원수를 사랑하는 것은 예수님의 십자가 희생으로 죄 사함을 받고 구원을 얻은 하나님의 백성들이 하나님의 긍휼과 자비의 마음으로 가능한 것이다.

탈북민을 사랑하기 위해서는 먼저 복음을 통해 하나님의 사랑과 화해의 복음을 경험해야 한다. 복음만이 서로의 아픔을 치유할 수 있으며 하나님의 사랑만이 서로를 사랑하게 하고 하나님의 용서만이 서로를 용서하게 한다. 이로써 우리는 상처 입은 치유자가 되어 예수 그리스도 안에서 평화의 전도자가 될 수 있다.

2) 예수님의 마음 품기

"너희 안에 이 마음을 품으라 곧 그리스도 예수의 마음이니 그는 근본 하나님의 본체시나 하나님과 동등됨을 취할 것으로 여기지 아니하시고 오히려 자기를 비워 종의 형체를 가지사 사람들과 같이 되셨고 사람의 모양으로 나타나사 자기를 낮추시고 죽기까지 복종하셨으니 곧 십자가에 죽으심이라"[35)]

예수님은 하나님이셨지만 자신을 낮추시고 종의 형체를 취하셔서 사람들과 같이 되셨다. 또한 하나님 앞에 자신을 낮추시고 십자가에 죽기까지 순종하셨다. 마치 "한 알의 밀이 땅에 떨어져 죽지 아니하면 한 알 그대로 있고 죽으면 많은 열매를 맺"[36)]듯이 예수 그리스도께서 죽으심으로 생명을 살리는 열매를 맺으셨다. 그의 죽으심은 죄로 물든 인간의 죄를 대속하신 것이다. 예수 그리스도의 십자가 죽으심으로 그를 믿는 모든 사람은 죄 사함을 받고 하나님의 구원을 받게 된다. 이것은 우리 가운데 일어난 역사적인 사건이다.

예수님은 겸손의 본을 먼저 보여 주셨다. 하나님과 동등되신 분이시지만 자기를 비우고 종의 형체를 취하시며 십자가에 죽으시기까지 자신을 낮추셨다. 그분의 겸손은 사랑의 표현이었다. 사도바울은 "내가 그리스도와 함께 십자가에 못 박혔나니 그런즉 이제는 내가 사는 것이 아니요 오직 내 안에 그리스도께서 사시는 것이라 이제 내가 육체 가운데 사는 것은 나를 사랑하사 나를 위하여 자기 자신을 버리신 하나님의 아들을 믿는 믿음 안에서 사는 것이라"[37] 우리 모두의 고백은 "나는 십자가에 못 박혔고 십자가에서 죽었습니다. 이제는 예수 그리스도만이 내 주님이십니다. 나는 그의 종으로서 그가 지신 십자가를 지고 그분을 따르겠습니다." 이 고백으로 사랑의 본을 보이신 예수님의 길을 따라 살아야 한다.

"누가 선한 사마리아인인가?"[38] 예수님은 우리에게 질문하신다. 강도 만난 자를 제사장과 레위인도 보고는 피해 지나갔다. 그러나 한 사마리아인은 그냥 지나치지 않고 돌봐주었다. 예수님은 우리에게 질문한다. "누가 선한 사마리아인인가?"

탈북민들은 강도 만난 자들이다. 그들은 정치, 경제, 사회적으로 어려움을 겪고 있다. 그들에게는 영적 돌봄과 물질적 지원이 필요하다. 우리는 선한 사마리아인이 되어 예수님의 마음으로 탈북민을 사랑해야 한다. 높은 자리에서 갑질이 아니라 예수님처럼 자기 자신을 낮추어 낮은 자리에서 겸손하게 섬겨야 한다.

3) 예수님이 사랑하듯 서로 사랑하기

"새 계명을 너희에게 주노니 서로 사랑하라 내가 너희를 사랑한 것 같이 너희도 서로 사랑하라 너희가 서로 사랑하면 이로써 모든 사람이 너희가 내 제자인 줄 알리라"[39]

인간의 사랑은 한계가 있다. 감정에 따라 상황에 따라 변하는 것이 인간이다. 인간은 정말 나약한 존재다. 인간은 항상 변한다. 그래서 인간을 신뢰할 수 없다. 인간을 신뢰해서 상처받았던 탈북민들은 인간을 신뢰하지 않는다. 가족도 믿지 못하고 심지어 자신도 믿지 못한다. 평생 누군가로부터 사랑받아 본 경험도 없고 누군가를 사랑할 줄도 모른다. 심지어 자기 자신도 사랑 못 하고 태어난 것에 후회하며 살아가는 사람들도 있다. '과연 사랑은 무엇인가?'

예수님은 제자들에게 말씀하신다. "서로 사랑해라 내가 십자가에 너를 위해 죽기까지 사랑한 것같이 너희도 서로 사랑해라." 사랑은 하나님 자신이었다. 하나님이 우리 안에 온전히 머물면 그것이 사랑의 전부가 된다. 하나님의 임재 안에 온전히 머물 때 우리는 비로소 그의 사랑을 확인할 수 있고 그의 사랑 안에서 우리는 나와 이웃을 사랑하게 된다.

그의 "사랑은 오래 참고 사랑은 온유하며 시기하지 아니하며 사랑은 자랑하지 아니하며 교만하지 아니하며 무례히 행하지 아니하며 자기의 유익을 구하지 아니하며 성내지 아니하며 악한 것을 생각하지 아니하며 불의를 기뻐하지 아니하며 진리와 함께 기뻐하고 모든 것을 참으며 모든 것을 믿으며 모든 것을 바라며 모든 것을 견디느니라"[40]

하나님의 사랑은 조건 없는 사랑이었다. 하나님은 대한민국을 사랑하신다. 하나님은 북한을 사랑하신다. 하나님은 탈북민을 사랑하신다. 하나님은 우리에게 "내가 너희를 사랑한 것같이 너희도 서로 사랑하라."라고 말씀하신다.

"사랑은 자신의 입장에서 타인을 생각하는 것이 아니라, 타인의 입장에서 타인을 생각하고 함께하는 것입니다."

탈북민 선교는 하나님의 말씀에 복종하기로 결단한 하나님의 자녀들이 지켜야 할 사역이다. 한 탈북민의 말이 두고두고 기억난다. "당신네 사랑, 사랑하는데 제발 말로만 하지 말고 삶으로 그 사랑을 보여 주시오."

4) 내 자식에게 사랑을 베풀듯 하라

탈북민을 자식처럼 대한다는 것은 사랑과 희생을 바탕으로 자신을 내어 주는 것이다. 부모가 자식을 위해 희생하는 것처럼 탈북민을 위해 희생하는 것이다. 북한이라는 키워드를 떠올리거나 북한 인권의 실태를 미디어를 통해 접한 극단적인 정보들은 두려움, 무서움, 공포, 굶주림으로 형상화될 수 있다. 이러한 정보들은 탈북민을 이해할 때 그대로 투영될 가능성이 크다. 서로에 대한 바른 이해의 부족으로 인해 탈북민을 아프리카 이하의 어려운 사람들로 이해하는 분들도 있다. 그런 분들은 탈북민을 돕고자 하는 선한 마음을 갖고 접근하지만 도움을 받는 탈북민들에게는 불편하게 느껴지는 경우들이 있다.

예를 들어 탈북민들에게 어떤 음식을 대접해야 할지, 집으로 초대해도 될지, 입던 옷이나 중고품을 줘도 될지 언제까지 관계를 유지해야 할지와 같은 질문을 받게 된다. 이러한 질문에 대한 답은 탈북민을 내 자식 또는 내 가족이라고 생각할 때 찾을 수 있다.

집에 초대해서 정성스러운 음식으로 함께 나누고 교제하고 삶을 나누는 것 그리고 외식한다면 맛있는 음식을 먹을 때 가족을 생각하는 마음으로 초대해서 함께 살아가는 그 마음이 중요하다. 물건도 필요한 것이 무엇인지 물어보고 함께 쇼핑하면서 추억을 쌓아 가는 것이 중요하다.

탈북민 사역을 하면서 다양한 물건을 기부받을 때가 있다. 그럴 때마다 하고 싶은 말이 있다.

"제발 버려지는 물건이 아닌 내 자식한테도 선물할 수 있는 물건을 기부해 주세요."

물론 이런 말을 하면 누군가는 '줘도 말이 많다.'라고 생각할 수도 있다. 하지만 사람마다 상황이 다르고 그 상황에 꼭 맞는 것을 선물 받으면 선물로서 감동하고 감사한 마음을 갖게 된다.

탈북민 중에는 옷이나 핸드폰을 좋은 것을 사용하는 친구들이 많이 있다. 그런 모습을 보고 후원을 끊는 일도 있다. 본인보다 좋은 것을 입고 사용한다는 이유였다.

탈북민들은 그동안 북한에서 못 먹고 살았고 못 누리며 살았다. 그러니 그것만이라도 누리는 것에 우리는 "잘했어! 당신은 누릴 자격이 충분해."라고 응원해 주어야 한다. 자신의 관점에서 바라보고 지적하기보다는 상대를 사랑하는 마음을 먼저 가질 수 있어야 한다.

필자는 사역하면서 농담처럼 이야기하지만, 진담으로 이야기하는 것이 있다. "탈북민들은 먹기 위해 탈북했습니다. 그래서 잘 먹어야 합니다." 상대의 취향을 고려하여 함께 시간을 보내는 것이 중요하다. 음식의 경우 한우나 회를 좋아할 것이라는 생각을 가질 수도 있지만, 모든 사람이 좋아하는 것은 아니다. 소고기는 북한에서 귀한 음식으로 여겨져 한번도 먹어보지 못한 친구들이 있다. 이런 친구들은 한국에 와서도 소고기를 먹지 않는 것을 보게 된다. 회도 마찬가지이다. 따라서 상대의 취향을 파악하기 위해 질문하는 것이 중요하다. "삼겹살과 냉면 중 어떤 음식 먹고 싶어?"와 같이 선택지를 두고 질문하는 것이 좋다. 대부분 탈북민이 삼겹살이나 냉면을 좋아한다.

필자는 한 친구를 뷔페 집으로 데리고 갔다. 접시에 담아 온 것이 김밥이었다. 그 친구에게 "여기는 먹을 것이 많으니 김밥 먹지 말고 다른 것도 좀 먹어."라고 말해주었다. 그 친구는 "저는 김밥만 먹습니다." 그때 깨달았다. 사전에 물어봤더라면 김밥집으로 갔을 텐데 물어보지 않은 잘못이 컸다. 그렇다고 모든 탈북민이 김밥을 좋아하는 것은 아니다. 상대에 대한 무지는 서로에 대한 오해를 불러일으키고 작은 오해는 결국 인간관계를 단절시킨다. 상대에 대한 배려를 전제로 하는 의사소통이 무엇보다 중요하다. 탈북민을 돕는 것보다 중요한 것이 상대를 이해하고 배려하는 마음일 것이다.

5) 탈북민에게 필요한 것 세 가지

첫째, 공감과 친구가 되는 것이다. 탈북민의 삶과 이야기를 진심으로 공감하고 교사나 목사가 아니라 삶의 동반자가 되어야 한다. 이 과정을 통해 탈북민은 자기 생각과 가치관 문화를 변화시키고 하나님께서 원하시는 모습으로 성장할 수 있다.

둘째, 복음을 전하는 것이다. 공감과 친구가 된 후에는 예수 그리스도의 생명 말씀을 전해야 한다. 사람이 떡으로만 사는 것이 아니라 하나님께서 주신 생명의 말씀으로 살 수 있다는 것을 깨닫게 해야 한다. 하나님의 사랑을 말로 전하고 삶으로 행동하는 것이다. 복음을 담대하게 전하고 가르치는 것이 중요하다.

셋째, 필요를 파악하고 채워 주는 것이다. 한국교회는 흔히 구제부터 시작하는 경향이 있다. 그러나 물질로 탈북민을 교회에 데려왔다면 그들은 물질이 없으면 교회를 떠나게 된다. 교회를 구제받는 곳으로만 이해하게 되면 예배와 헌신의 의미를 깨닫지 못하게 된다. 교회는 물질로 관계를 맺는 것이 아니라 예수 그리스도 안에서 관계를 맺고 영적 가족으로서 서로의 이야기를 공감하고 친구가 되어 함께 살아가는 하나님 나라의 공동체가 되어야 한다.

4장. 탈북민과 관계 맺기

1) 아무것도 하지 않고 경청하기

 탈북민에게 다가가기 위해서는 먼저 그들의 이야기를 들어주는 것이 중요하다. 자신의 지식이나 생각을 강요하기보다는 그들의 이야기를 진심으로 들어주고 공감하는 것이 필요하다. 탈북민들에게 자신을 지지하고 함께할 수 있는 친구가 있다는 것만으로도 한국 사회에서 살아가는데 든든한 버팀목이 될 수 있다.
 "북한 사람들은 어릴 때부터 자아비판과 생활총화를 생활화한 사람들이다. 그런 사람들에게 말로 가르치려고 하면 기대만큼의 효과를 거두기 어렵다. 그러므로 가르치려고 하지 말고 그들에게 이야기할 기회를 많이 주고 감동을 주고 배우려고 해야 한다. 북한 사람들은 상처가 많은 사람이고 쉽게 다른 사람을 믿지 않는다. 그래서 그들이 감동할 때까지 겸손하게 잘 섬겨야 한다."[41]
 우리는 한 민족이라는 동질감으로 인해 남과 북이 서로 비슷하다고 생각하기 쉽다. 하지만 남과 북은 70여 년 동안 서로 다른 이념, 문화, 풍습, 생활, 교육, 경제, 사회, 윤리, 종교 등을 바탕으로 살아왔다. 따라서 같은 단어를 사용해도 서로 다른 의미로 해석될 수 있으므로, 의사소통이 잘 이루어지지 않는 경우가 많다. 아무리 좋은 의도를 가지고 말하고 행동해도, 상대방의 문화적 배경을 고려하지 않으면 오해를 불러일으킬 수 있다. 따라서 먼저 상대방을 이해하고 배우는 것부터 시작하는 것이 중요하다.

2) 공감하고 배우려고 노력하기

"탈북민에게서 무엇을 배울 수 있을까?" 이 질문을 하는 사람이라면 탈북민과 관계를 맺는 데 어려움을 겪을 수 있다. 탈북민을 여러 방면에서 부족하다고 생각하기 때문이다. 이러한 생각은 탈북민을 만났을 때 탈북민에게 가르쳐 주려고 하기 쉽다. 이러한 현상은 한국 사람들뿐만 아니라 탈북민들 사이에서도 일어난다. 이러한 관계는 한두 번으로 끝나기 쉽다. 이유는 친구의 관계가 아니라 교사와 학생의 관계이기 때문이다. 가르치려고 하면 탈북민들의 이야기를 듣지 못하고 공감하고 배울 수가 없다.

탈북민과 관계를 맺기 위해서는 어떻게 해야 할까? 정답은 없다. 다만 친구와 같은 편한 관계로 자신을 낮추고 상대를 편하게 해주는 것이 중요하다. 배우려는 자세로 나의 귀를 열 때 상대방의 마음을 열고 그들의 이야기에 공감할 수 있다. 한 시간을 만났는데 내가 말을 많이 했다면 다음부터라도 상대방이 말할 수 있도록 기회를 제공해야 한다. 침묵의 시간을 충분히 기다리지 못하는 사람들도 있는데 그 침묵을 즐길 수 있어야 한다. 대화는 일방 소통이 아니라 쌍방 소통이다.

대화의 소재가 없다면 함께 추억을 하나씩 쌓아 가면서 그와 연관된 대화를 하는 것도 좋은 방법이다. 자연스러운 만남과 대화를 통해 서로를 알아갈 때 관계도 깊어진다.

3) 과거에 관해 질문하지 않고 추억 만들기

탈북민에게 질문을 함부로 하지 않는 것이 중요하다. 상대를 잘 모르는 상황에서 질문하게 되면 아무리 좋은 의도가 있다고 하더라도 오해를 불러일으킬 수 있다. 예를 들어 "부모님 어디에 계시나요?", "부모님과 함께 대한민국에 오셨나요?" 등의 질문은 탈북민들에게 트라우마를 유발할 수 있다. 또한 가족과 관련된 질문은 대화를 다른 방향으로 발전시키기 어렵게 만들 수 있다. 탈북민들은 북한에서 경험한 아픈 기억이 있어서 될 수 있으면 과거에 관련된 질문은 피하는 것이 좋다.

정치적인 질문도 마찬가지이다. 탈북민들은 북한에서의 정치 체제와 문화를 경험했기 때문에 한국의 정치에 대한 이해력이 부족할 수 있다. 또한 한국에 정착한 지 오래되지 않은 탈북민들은 정치에 관심이 없을 수도 있다. 따라서 탈북민들이 정치나 정당에 대해 잘 모른다고 가르쳐 주려고 하면 오히려 관계가 끊어질 수 있다. 경제적이나 문화적인 것도 마찬가지이다. 탈북민들은 북한에서의 삶과 한국에서의 삶이 다르므로 북한에 대한 지식이 반드시 정확한 것은 아니다. 따라서 북한에 관련된 질문을 가능하면 하지 않는 것이 좋다.

 탈북민과 소통을 위해서는 질문을 하는 것이 필수이다. 하지만 과거에 관한 질문은 트라우마를 유발할 수 있으므로 될 수 있으면 피하는 것이 좋다. 대신 미래 지향적인 질문을 통해 탈북민의 관심사와 취미를 알아가고 함께 추억을 쌓아 가는 것이 좋다.

 예를 들어 "어떤 장르의 영화를 좋아하세요?", "평양냉면과 함흥냉면 중 어떤 것을 더 좋아하세요?"와 같이 선택지를 주어 탈북민이 답할 수 있는 여지를 주는 질문을 하는 것이 좋다. 이는 일방적인 소통이 아닌 쌍방 소통을 통해 서로를 이해하고 배려하는 데 도움이 된다.

4) 상대가 마음을 열 때까지 기다려 주기

 탈북민들은 북한 체제의 트라우마로 인해 마음을 쉽게 열지 않는다. 북한에서는 감시 체제 속에서 살아왔고 자아 성찰과 호상 비판을 통해 서로를 의식하며 살아왔기 때문이다. 또한 살아남기 위해서 서로를 속여야만 했다. 이러한 삶의 양식이 서로를 신뢰하지 못하도록 유인하는 체계가 되었다. 따라서 관계를 맺고 의사소통이 원활하더라도 상대방의 마음을 알기까지는 오랜 시간이 걸린다.

 탈북민들은 어느 날 갑자기 연락이 안 될 수 있다. 탈북민들은 일반적으로 무슨 일이 있으면 자기 속을 털어놓지 않는다. 그들은 상의하지 않고 혼자서 해결하려는 경향이 강하다. 그러다 보니 속상한 일이 있으면 외부와 담을 쌓고 혼자 고민한다. 이러한 것은 감시가 많은 북한에서 다른 사람에게 속마음을 털어놓지 못하던 생활 습관과 관련이 있는 것으로 보인다. 그들의 마음 벽을 허물기까지는 사랑하는 마음으로 기다림이 필요하다.

탈북민을 대할 때는 상대방이 마음을 열고 다가오기까지 오랫동안 기다려 주는 것이 중요하다. 마치 마트료시카[42] 인형을 벗기듯 상대방을 서두르지 않고 차근차근 이해하려는 노력이 필요하다. 때로는 감사하다는 말을 듣지 못할 수도 있고, 오히려 돕고도 좋은 소리 못 들을 수도 있고, 욕을 먹을 수도 있지만 진심 어린 사랑은 그들의 마음을 열고 결국에는 그 사랑에 보답하게 된다.

필자도 탈북민들과 관계를 맺으며 수많은 어려움을 겪었다. 약속하고도 약속 장소에 나오지 않는 친구들도 있었고, 전화해도 전화를 꺼놓고 받지 않는 친구들도 있었다. 심지어 전화하면 다른 장소에 가서 다른 일정을 소화하고 있었다. 그뿐만이랴. 필자가 경험한 내용을 다 저술할 수 없는 것은 누군가는 이 글을 통해 일부 탈북민들의 잘못된 사례가 탈북민 전체로 오용이 될 수도 있고, 또 다른 편견을 가질 것 같아 공개할 수는 없지만, 그럼에도 하나님께서 한 영혼, 한 영혼을 사랑하시는 마음을 가지고 비본질보다는 본질을 더 중요하게 생각하고 함께해야 한다.

상대의 마음이 열릴 때까지 오랜 시간 기다리며 중보해야 한다. 그럼에도 사랑하는 마음을 하나님께서 주시도록 기도해야 한다. 빠르면 6개월 길게는 10년 이상 걸려 다시 만나는 친구들도 있다. 그들이 나와의 관계를 끊지 않는 한 지속적인 관계를 통해 하나님의 사랑을 삶으로 전달한다. 상대방도 그의 사랑이 느껴지면 잠잠하였다가도 본인의 상황과 컨디션이 좋아지면 언제 그랬냐는 듯 연락이 온다.

하지만 일방적으로 잦은 연락이나 또는 어떻게든 만나려고 집까지 찾아가는 것은 탈북민들에게 큰 실례가 된다. 상대가 문자나 연락이 오기를 기다려 주는 것이 좋고 컨디션이 괜찮을 때 함께 식사하자고 제안하고 기다리는 것이 좋다. 마음이 열릴 때까지 기다린다는 것이 처음에는 어렵지만, 상대방이 나를 신뢰할 때 굳이 질문하지 않아도 자신의 아픈 상처를 하나씩 쏟아낸다. 이때 그들의 이야기를 듣고 공감하는 것이 중요하다. 공감이 되지 않더라도 먼저 들어주는 것이 정말 중요하다. 했던 이야기를 여러 차례 하더라도 들어주는 것이 정말 중요하다.

이때 문제를 해결해 주려고 하기보다는 상대에 대해서 듣고 배운다는 마음을 가지는 것이다. 그리고 그 아픔에서 빠져나올 수 있도록 상대가 좋아하는 음식이나 또는 분위기 전환을 할 수 있는 카페에서 디저트나 영화를 함께 보는 것도 추천한다. 새로운 관계를 형성하거나, 서로 다른 문화를 존중하면서 지속적인 관계를 맺는 것은 누구나 어렵다. 그러나 서로의 신뢰가 쌓이고 가족과 같은 사랑을 서로가 확인했을 때 그때에야 복음의 통로가 되는 첫 단추가 열리게 된다.

5) 탈북민 눈높이에서 생각하고 말하고 행동하기

 탈북민들의 눈높이로 생각하고 말하고 행동하기는 어려운 일이다. 자기 배로 나온 자식도 말하지 않으면 그 속을 모른다고 하듯이 탈북민들의 생각, 말, 행동을 이해하기까지는 오랜 시간이 걸린다.

 그럼에도 탈북민들의 말과 행동에 쉽게 상처받기보다는 "왜 이런 말을 했지?" 역으로 탈북민의 관점에서 이해하려는 노력이 있다면 또 다른 배움이 될 수 있고, 또 다른 배움은 상처가 아닌 이해와 수용의 단계로 발전할 수 있다.

 탈북민들은 출생지, 거주지역, 나이, 성별, 출신성분, 탈북 연도에 따라 북한, 중국, 한국에서의 삶이 매우 다양하다. 미디어에서 본 탈북민들의 이야기나 책을 통해서 배운 북한의 정보들은 탈북민들과 관계를 맺을 때 도움이 될 수 있지만 고정관념을 가지고 다양한 탈북민들의 이야기를 경청하지 않는다면 선입견으로 사람을 오해하거나 소통을 단절시킬 수도 있다.

 탈북민들의 눈높이에 맞추려면 상대에 대한 긍휼을 전제로 해야 한다. 또한 하나님께서 나에게 맡기신 소중한 영혼이요 친구요 예배자로 부르셨다는 것을 인정해야 한다. 영적 자녀를 돌보는 것처럼 하나님의 사랑을 흘려보내고 중보기도 할 때 지속적인 관계를 유지할 수 있다.

 일대일 또는 멘토링을 통해 탈북민 한 사람과 매주 또는 매월 꾸준히 만나서 말씀 안에서 삶을 나누고 교제를 나눔으로 서로를 알아갈 때 비로소 상대에 대해 이해하고 배려할 수 있다.

관계 맺음에 있어 가장 쉽게 가까워질 방법은 탈북민들과 함께 숙식하면서 보내는 것이다. 예를 들어 제주도, 대부도, 강화도, 강원도와 같이 바닷가가 보이는 펜션을 잡고 함께 산책하고 식사하고 티타임 가지면서 관광지들을 탐방하며 서로를 알아가고 배워가고 함께 예배하고 기도하는 시간을 가질 때 서로를 깊이 알 수 있다.

임용석 목사는 탈북민들과 관계 사역에서 "탈북민들이 경험한 북한 생활과 제3국에서 배운 것을 존중하라. 대한민국 국민으로서 앞으로 꿈과 비전에 대해서 나누라. 남한에서 가장 가고 싶은 곳이 어디인지 물어보라. 탈북민들이 가지고 있는 재능이나 강점에 관해 이야기를 나누라. 정치적이거나 사상적인 이슈를 가지고 대화하지 말라. 억지로 복음에 대해 탈북민을 설득하려고 하지 말라. 북한제도와 문화를 헐뜯지 말라. 탈북민을 단순히 동정하지 말라. 공감적인 태도로 탈북민의 이야기를 들어줌으로써 정서적인 지지자가 돼라. 지속적인 관계를 유지하고 장기적인 시각을 가지라. 지나친 기대감을 주지 말고 한계를 분명히 하라. 가족사에 대해서 구체적으로 묻지 마라. 대화의 비밀을 꼭 지켜 주라. 돈거래를 하지 마라. 가능한 '예'와 '아니오'가 분명한 직설화법을 사용하라."[43]고 했다.

정종기 교수는 선교전략 부분에서 "그들을 하등문화로 취급하지 마라. 내 생각만 옳다고 결정하고 답하지 마라. 무조건 불쌍히 여기지 마라. 자존심이 걸려 있는 이야기는 생략하라. 돈으로 그들을 선교했다고 하지 마라."[44)]고 말하면서 기본적 예의를 갖추어 구제가 아닌 선교를 통해 자문화 중심주의에서 벗어나 좋은 관계로 유지하고 발전시켜야 한다고 지적하고 있다.

6) 거부 – 갈등 – 이해 – 수용 = 하나됨

　남과 북은 70여 년간 서로 다른 문화와 환경 속에서 살았다. 서로의 문화가 다른 것은 잘못된 것이 아니라 다른 것이다. 이분법적으로 선과 악, 옳고 그른 것으로 나누어 생각한다면 하나가 될 수 없다. 하나가 되기 위해서는 서로 다른 것을 이해하고 수용할 때 가능하다.

　남북은 달라도 너무 다르다. 전혀 같을 수가 없다. 어쩌면 다문화에 해당한다고 해도 과언이 아니다. 그래서 함께 공동체 생활을 하게 되었을 때 서로에 대한 문화를 받아들이기가 어렵다. 이러한 현상은 거부 현상을 낳고 갈등을 빚게 된다. 상대에 대한 문화를 이해할수록 오해의 소지가 줄어들고 조금씩 공감하며 문화 격차가 해소되거나 좁혀지게 된다.

　탈북민들과 관계를 맺다 보면 "거짓말 때문에 배신감을 느낄 수 있다. 북한은 체제 자체가 거짓이 일상화된 사회다. 정직하게 진실을 말하면서 살아가기가 어렵다. 자기 신분을 속인다든지 자기의 이익을 위해 남에게 거짓말하는 경우를 종종 볼 수 있다. 나중에 거짓인 것으로 밝혀지면 그들을 도왔던 사람들은 배신감과 허탈감이 든다."[45]

 탈북민들의 직설적인 화법, 화내는 것 같은 공격적인 말투, 일방적인 표현 방식을 이해하지 못해 상처받을 수 있다. 그러나 상대에 대해 조금씩 알아갈수록 왜 이런 말과 행동을 했는지 이해하게 되고 상대가 악한 의도로 말하지 않은 것을 깨닫게 된다. 이러한 현상은 상대가 과거에 어떤 문화권에서 살았던 사람이라 할지라도 그 사람 그대로를 수용할 수 있게 된다.

 마치 서로 다른 남녀가 만나 결혼생활을 하면서 서로를 이해하고 배워가듯 탈북민과 깊은 관계를 맺는 것도 마찬가지이다. 북한과 탈북민에 대해 알고 배우는 것만큼 문화차이와 세대 차이를 느낄 수 있다. 이러한 현상은 노력으로 좁혀질 수 있는 부분도 있지만 있는 그대로를 인정하고 서로 다름이 틀리지 않고 서로에 대한 신뢰와 존중만 있으면 깊은 관계를 맺고 유지할 수 있다.

 하나님의 아들 예수 그리스도는 하나님이면서 인간이 되셨고 다양성 안에서 일치를 이루셨다. 그 이유는 예수님께서 자신을 비우고 스스로 낮추셨기 때문이다. 남과 북도 예수님을 닮아갈 수 있다면 복음 안에서 우리는 하나가 될 수 있다. 그러므로 우리는 복음 안에서 관계 맺고 소통하며 한 공동체로 살아내는 것이 무엇보다 중요하다.

5장. 탈북민의 영성과 성품

1) 탈북민의 행동양식

 탈북민들에 대한 폭넓은 이해가 필요하다. 탈북민들은 여전히 성장하고 변화하고 있는 존재로 봐야 한다. 탈북민들은 북한에서부터 내재 된 트라우마를 극복하지 못하고 한국 사회에 적응하는 데 어려움을 겪고 있다. 북한에서의 가정교육과 정부의 세뇌 교육은 김일성 부자 우상화와 공산주의 이념을 강조하는 인성교육과 사회주의 도덕 교육으로 이루어졌다. 이러한 교육을 통해 탈북민들은 북한 체제에 대한 충성과 복종을 강요받았다. 그러나 북한을 탈출하고 거짓과 허상을 깨달았을 때 탈북민들은 심리적 불안감을 느끼게 된다. 이러한 불안감은 더 큰 트라우마로 자리 잡았다.

 탈북민들은 북한에서 생존을 위해 도둑질, 비판, 거짓말 등 방어 기제를 사용해야 했다. 타인이 자신을 무시하거나 손해를 끼칠 때 과감한 행동을 취하기도 했다. 북한에서 겪은 고난과 억압은 공포 장애와 보이지 않는 상처로 남았다. 그 결과 타인을 신뢰하지 못하고 자신의 마음을 타인에게 드러내지 않으려는 경향이 있다. 드러내더라도 진심이 아닌 내용을 부풀리거나 다른 이야기를 하는 경우도 있다.

 이러한 행동양식은 탈북민들이 복음을 접하고 변화되는 과정에서도 여실히 드러난다. 예를 들어 처음에는 한국에서 예수를 믿었다고 간증했지만, 시간이 지나 북한에서 예수를 믿었고 나중에는 지하교인이었다고 다른 내용을 말하는 탈북민이 있다. 이럴 때 탈북민 사역자들조차 어떤 말이 진심인지는 알 방법이 없다. 오직 하나님만 아신다. 이러한 불신은 한국에 와서도 서로에 대한 불신을 낳게 된다. 신앙이 있다는 전제는 이기적인 자기중심에서 벗어나 이타적으로 타인을 배려하며 사랑하는 것이다. 그러나 한국에까지 와서 신앙이 있다는 사람이 여전히 이기적이고 자기밖에 모르는 말과 행동으로 비치고 거짓말을 일삼을 때 탈북민들은 거침없이 '위선자'라고 평가한다. 한번 '위선자'는 그 딱지를 떼기까지 오랜 시간이 걸린다.

위선자라고 말하는 당사자도 위선자일 가능성이 크다. 그렇게 서로 자신의 허물을 보지 못한 채, 북한에서 살아왔던 삶의 방식이 여전히 적용되고 있고 예수 그리스도 안에서 새사람으로 거듭나지 않으면 서로가 가해자와 피해자가 된다.

2) 먼저 믿은 그리스도인들의 본보기가 변화의 출발이다.

그리스도인들의 말과 행동은 걸어 다니는 성경과 같다고 할 수 있다. 아무리 성경 공부를 많이 해서 성경을 많이 알고 잘 가르친다고 할지라도 하나님의 말씀대로 살아내지 못한다고 한다면 북한과 별반 다르지 않다고 판단한다. 탈북민 선교에 있어서 가장 중요한 사람은 먼저 믿은 그리스도인들의 본보기이다.

자신을 낮추고 타인을 배려하지 못하고 사랑하지 못하고 자기밖에 모르는 이기적인 존재가 그리스도인이라고 한다면 교회 공동체를 세워가는 데 어려움을 겪을 뿐만 아니라 탈북민들도 그러한 모습을 따라 배우게 된다.

탈북민들은 집단주의적 사고 방식에서 벗어나야 한다. 한국 사회에서 자유민주주의 가치와 배움을 통해 정반합의 논리로 합리적인 결론을 도출하는 토론의 장을 통해 자기 생각뿐만 아니라, 타인의 생각도 존중하고 다수의 의결에 따라 합리적인 결론을 도출할 수 있어야 한다. 탈북민 사회에서도 필요하지만 남과 북이 함께 하는 공동체에서는 더더욱 중요하다.

수직적이고 강제적인 방식이 아닌, 수평적인 소통을 통한 토론과 협상의 방식으로 건강한 공동체 문화를 이루어가야 한다. 의견이 도출되기까지 시간은 걸릴 수 있을지라도 타인을 존중하는 성품을 끊임없이 배우고 훈련해야 한다. 어떻게 하면 가능할까? 말씀으로 돌아가 예수 그리스도를 본받는 자가 되는 것이다. 예수 그리스도의 영성과 성품을 닮아가는 것이다. 어떻게 예수 그리스도를 닮아갈 수 있을까?

3) 예수 그리스도의 영성과 탈북민의 영성

그리스도의 영성은 그리스도를 본받는 것을 의미한다. "너희 안에 이 마음을 품으라 곧 그리스도 예수의 마음이니 그는 근본 하나님의 본체시나 하나님과 동등됨을 취할 것으로 여기지 아니하시고 오히려 자기를 비워 종의 형체를 가지사 사람들과 같이 되셨고 사람의 모양으로 나타나사 자기를 낮추시고 죽기까지 복종하셨으니 곧 십자가에 죽으심이라"[46] 예수 그리스도는 하나님이시면서도 인간이셨다. 그는 하나님과 동등됨을 취하지 않고 사람과 같이 되셨다. 또한 십자가에 죽기까지 자기를 비우시고 낮추시고 복종하셨다.

성경은 "우리가 아직 죄인 되었을 때에 그리스도께서 우리를 위하여 죽으심으로 하나님께서 우리에 대한 자기의 사랑을 확증하셨느니라"[47] 인간은 하나님 앞에서 의에 이를 수 없는 존재이다. 오직 예수 그리스도의 의만이 완전하여서 죄인들의 공간에 예수 그리스도가 오셔서 하나님의 사랑을 보여 주신 사건이 십자가의 사건이다. 그래서 죄인들도 그리스도의 의에 참여함으로 그리스도 예수 안에 거함으로 하나님과 교제하며 친밀한 관계를 회복할 수 있었다.

따라서 그리스도를 본받기 위해서는 예수님을 인격적으로 만나는 것이 중요하다. "너희는 여호와의 선하심을 맛보아 알지어다"[48] 예수님을 만나는 것이 영성의 시작이다. 주의 선하심에 참여함으로써 영혼을 새롭게 하시고 의의 길로 인도하시는[49] 하나님과 동행할 수 있다. 예수님을 만나게 되면 온전한 치유와 회복으로 상처 입은 치유자가 될 수 있다. 예수님께서 끊임없이 속사람을 만지시고 변화시키시기 때문이다. 예수님께서 끊임없이 말씀하시기 때문이다. "모든 성경은 하나님의 감동으로 된 것으로 교훈과 책망과 바르게 함과 의로 교육하기에 유익하니"[50] 날마다 하나님과의 임재 안에서 하나님의 말씀이 우리 안에 거할 때 성령 하나님의 역사로 새 포도주를 새 부대에 담는 역사가 오늘도 일어날 것이다.

4) 예수 그리스도의 성품과 탈북민의 성품

그리스도인에게 신앙이 있더라도 삶이 따라주지 않는다면 신앙까지도 의심한다. 이유는 예수 그리스도 안에서 새롭게 태어난 사람들은 자기중심이 아니라 예수 그리스도 중심의 삶을 살기 때문이다. 탈북민들은 완성형이 아니라 그리스도 안에서 성화되어가는 진행형이다. 탈북민들을 상대로 오래 참고 인내함으로 기다려주고 믿어주고 중보로 섬길 때 예수 그리스도의 성품으로 닮아갈 수 있다. 사랑과 헌신이 없이는 생명의 잉태와 성장이 이루어지지 않는다. 마찬가지로 한 인간의 성품도 건강한 가정과 공동체를 통해서 다듬어질 수 있다.

그리스도 안에서 그리스도를 닮아가는 사람들은 그의 성품에 참여한 사람을 말한다. 성경은 "너희가 정욕 때문에 세상에서 썩어질 것을 피하여 신성한 성품에 참여하는 자가 되게 하려 하셨느니라"[51]고 말씀한다. 탈북민들도 썩어져 갈 것을 추구하지 말고 하나님의 성품에 참여하여 먹든지 마시든지 무엇을 하든지 하나님의 영광을 위해 살아야 한다.

① 거룩성

예수님께서는 본질상 거룩하시며 죄가 없으시다. "우리에게 있는 대제사장은 우리의 연약함을 동정하지 못하실 이가 아니요 모든 일에 우리와 똑같이 시험을 받으신 이로되 죄는 없으시니라"[52] 예수 그리스도는 거룩하시다. "내가 거룩하니 너희도 거룩할지어다"[53]

우리는 그의 거룩함을 닮아야 한다. 거룩은 구별됨이다. 하나님의 자녀로서 세상과 구별되어야 한다. 하나님의 임재 안에 머무르기 위해서는 죄가 없어야 한다. 하나님 앞에 나아가기 위해서는 죄가 없어야 한다. 예수 그리스도의 피 뿌림을 얻어 죄 사함을 통해 하나님 앞에 나아가야 한다.

그리스도인은 예수 그리스도 안에서 죄를 멀리해야 한다. 우리의 모든 시선을 예수 그리스도께로 향할 때만이 죄를 멀리할 수 있다. "그들이 주를 앙망하고 광채를 내었으니 그들의 얼굴은 부끄럽지 아니하리로다"[54] 하나님의 말씀을 통해 죄를 다스릴 때 성령 하나님께서 죄를 이기게 하실 것이다.

② 사랑

예수 그리스도의 사랑은 우리를 향해 흘러넘쳐 무슨 말로도 형언할 수 없다. 그의 사랑은 하나님 아버지로부터 비롯된 사랑이다. 그의 사랑은 모든 사람에게 차별 없이 베푸시는 아가페 사랑이다. 그의 사랑은 자신을 십자가에 내어 주기까지 희생하는 사랑이며 원수까지도 용서하고 품는 사랑이다.

"내가 그리스도와 함께 십자가에 못 박혔나니 그런즉 이제는 내가 사는 것이 아니요 오직 내 안에 그리스도께서 사시는 것이라 이제 내가 육체 가운데 사는 것은 나를 사랑하사 나를 위하여 자기 자신을 버리신 하나님의 아들을 믿는 믿음 안에서 사는 것이라"[55] 그리스도와 함께 십자가에 못 박을 수 있는 이유는 그리스도께서 우리를 위해 십자가에서 자신을 내어 주심으로 하나님의 사랑을 보여 주셨기 때문이다.

그의 사랑 안에 머물면 용서하지 못할 대상이 없고, 사랑하지 못할 대상이 없다. 예수 그리스도께서 십자가에서 모두를 품고 용서하셨고 사랑하셨기 때문이다. 예수를 믿고 내 삶의 주인이 예수 그리스도라고 고백한다면 그의 성품과 영성이 그리스도인 안에서 분출할 수 있어야 한다.

③ 겸손

예수님의 겸손은 그의 공생애 사역에서 잘 드러난다. 마구간에 태어나 세상의 지탄받는 사마리아 여인 세리 삭개오 간음한 여인 등 낮고 낮은 자들과 함께 식사와 교제를 통해 하나님 나라의 복음을 전파하셨다. 장사될 때도 자신의 무덤이 아닌 남의 무덤에 안치되셨다. 그뿐만 아니라 제자들의 발을 씻기시며 "인자가 온 것은 섬김을 받으려 함이 아니라 도리어 섬기려 하고 자기 목숨을 많은 사람의 대속물로 주려 함이니라"[56]고 말씀하셨다.

그리스도인은 섬김을 받기 위해 안간힘을 쓰는 것이 아니라 예수님처럼 자기 목숨을 많은 사람을 사랑하는 일에 겸손한 마음으로 내어 줄 수 있어야 한다.

④ 온유

예수님은 "나는 마음이 온유하고"[57]라고 말씀하셨다. 회개한 죄인에 대하여 온유하게 대하셨고 자신을 부인하는 베드로에 대해서도 따뜻하게 대해 주셨다. 특히 배신자 유다를 대하시던 모습, 자신을 십자가에 못 박은 자들을 용서해 달라고 기도하시던 모습은 예수님의 온유하심을 분명하게 보여 주신다.

⑤ 순종

예수님은 하나님 아버지의 뜻에 온전히 순종하셨다. 예수님은 십자가에 달리시기 전 겟세마네 동산에서 "아버지여 만일 아버지의 뜻이거든 이 잔을 내게서 옮기시옵소서 그러나 내 원대로 마시옵고 아버지의 원대로 되기를 원하나이다"[58]라고 기도하셨지만 결국 아버지의 뜻을 따라 십자가에 죽으셨다. 또한 육신의 부모인 요셉과 마리아에게도 순종[59]하셨으며 모든 도덕법을 지켜 순종하셨다.

지금까지 예수 그리스도의 성품에 대한 거룩성, 사랑, 겸손, 온유, 순종에 대해서 살펴보았다. 탈북민들은 그리스도 예수와 연합한 자가 되어 그의 성품을 본받아야 한다. 그리스도의 영성이 있다고 하면서 그리스도의 성품이 없다면 그 신앙은 아무것도 아닐 수 있다. "그가 우리를 위하여 목숨을 버리셨으니 우리가 이로써 사랑을 알고 우리도 형제들을 위하여 목숨을 버리는 것이 마땅하니라 누가 이 세상의 재물을 가지고 형제의 궁핍함을 보고도 도와 줄 마음을 닫으면 하나님의 사랑이 어찌 그 속에 거하겠느냐 자녀들아 우리가 말과 혀로만 사랑하지 말고 행함과 진실함으로 하자 이로써 우리가 진리에 속한 줄을 알고 또 우리 마음을 주 앞에서 굳세게 하리니"[60] 영성과 성품은 별개가 아니다. 하나님의 사랑이 우리 안에 머물면 형제자매에게 재물을 내어줄 수 있고 목숨을 내어줄 수 있다. 그의 영성 안에서 그의 성품이 역사하기 때문이다.

 그리스도의 성품에 참여함을 받은 탈북민들은 하나님의 선한 일을 행할 능력을 갖출 수 있는 그리스도의 영성과 성품으로 충만해야 한다. 또한 자기를 낮추시고 죄인들을 위해 십자가를 지시고 죽으시기까지 사랑하신 예수 그리스도의 십자가적 영성이 말로만이 아니라 실제적 헌신과 사랑으로 예수 그리스도를 삶으로 보여 줄 수 있는 그리스도인이 되어야 한다.

 그리스도인들이 먼저 그리스도의 성품에 참여하여 예수님을 인격적으로 닮아가야 한다. 하나님과 친밀한 관계 속에서 신앙생활을 할 때 하나님께서 도우시는 사람들을 붙여 주시고 하나님의 사역을 이끌어 가신다. 하나님의 일은 "DOING"이 아니라 "BEING" 즉 '일'이 아니라 '주님 안에 머무는 것'[61]

이다.

그리스도인들은 '영성'만을 위해 기도하는 것이 아니라 '성품'을 위해서도 서로서로 중보해야 한다. 거짓말하던 사람이 예수님을 믿고 정직하게 살아가고 도둑질하던 사람이 예수님을 믿고 도둑질하지 않고, 온갖 불의를 행하며 살아가던 사람이 예수님을 믿고 그의 성품에 참여하여 살아갈 때 하나님께서 영광 받으신다.

예수님이 지상에서 '고치고' '가르치고' '전도'하셨듯이 그리스도인들 또한 예수 그리스도의 생명을 모르고 방황하는 3만 4천여 명의 탈북민들과 더 나아가 북한의 2천 5백만 북한 주민들을 그리스도께로 인도해야 할 사명이 있다. 더 나아가 사도바울의 고백과 같이 "푯대를 향하여 그리스도 예수 안에서 하나님이 위에서 부르신 부름의 상을 위하여 달려"[62] 가야 한다.

탈북민들은 '하나님이 보내신 사람'들이다. 북한의 우상들이 무너질 때 누구보다 저 땅에 들어가 예수 그리스도를 닮은 영성과 성품으로 복음화시키는 주역들이기 때문에 한 사람 한 사람이 너무나 소중하다. 하나님은 우리 모두를 너무나 사랑하신다.

Part 3
탈북민 선교와 통일선교

1장. 탈북민에게 전도하기

1) 전도의 당위성

"하나님의 지혜에 있어서는 이 세상이 자기 지혜로 하나님을 알지 못하므로 하나님께서 전도의 미련한 것으로 믿는 자들을 구원하시기를 기뻐하셨도다"[63]

하나님이 탈북민을 대한민국에 보내셨다고 믿고 탈북민을 대상으로 선교해야 한다면 어떻게 만나고 복음을 전해야 하는지에 대한 의문을 가질 수밖에 없다. 하나님은 탈북민이 스스로 하나님을 알지 못하기에 먼저 믿는 그리스도인들을 통해 전도의 방법으로 구원하신다. 그 사명을 그리스도인들에게 맡기셨다. 전하는 이가 없으면 구원받는 이도 없다. 사도바울도 이스라엘을 위해서 기도하며 선교를 감당했다.

"오늘이 마지막이라면 무엇을 하겠는가?"

필자는 중국에서 인신매매로 팔려 생사를 알지 못하는 부모님을 만나도록 기도했다. 기도 응답으로 어머니를 만났지만, 그날이 마지막이 될 것이라고 생각하지 못해 복음을 전하지 못했다. 그 만남이 마지막 날이 되었고 어머니는 북한에서 돌아가셨다.

하나님은 "하나님 아버지 앞에서 정결하고 더러움이 없는 경건은 곧 고아와 과부를 그 환난중에 돌보고 또 자기를 지켜 세속에 물들지 아니하는 그것이니라"[64]라고 말씀하셨다. 고아와 과부는 하나님을 떠난 백성들이라고 하셨다. 어머니에게 복음을 전하는 마음으로 하나님을 모르는 백성들에게 복음을 전하라고 하셨다. 필자에게 오늘이 마지막이라면 '복음을 전하는 것'이다. 필자는 종말론적 신앙을 가지고 오늘도 복음을 전하는 삶을 살고 있다.

"주체사상으로 세뇌당한 탈북민들에게 어떻게 복음을 전할 수 있는가?"라는 질문을 받은 적이 있다. 예수 그리스도의 복음은 하나님께서 창조하신 '하나님의 형상'을 회복시키고 우상이 떠나고 묶인 것에서 온전한 자유를 누리게 한다. 빛 되시는 예수 그리스도의 복음이 어두움을 내쫓는 것이다. 탈북민들에게는 그 어떤 것보다 죄악을 끊을 수 있는 예수 그리스도의 복음이 필요하다. 더 나아가 하나님의 자녀 됨으로 그의 나라와 그의 의를 구하는 삶으로 살아가도록 함께 힘써야 한다.

복음으로 한 사람이 신앙을 갖게 되면 예배 공동체가 세워지고 교회가 세워진다. 복음으로 한 사람이 변화되면 가정과 사회와 나라가 변화된다. 복음으로 민주주의, 민족정신, 애국정신을 세울 수 있으며 그로 인해 복음통일 국가를 세울 수 있다.

2) 전도 대상과 전도 프로세스

우리가 복음을 전해야 할 대상들이 있다. 북한 내 북한 주민은 약 2,550만 명[65], 중국 내 탈북민은 약 15만 명에서 30만 명, 한국 내 탈북민은 34,021명[66], 해외 탈북민은 약 7천여 명으로 추정하고 있다.

전도 프로세스는 다음과 같은 단계를 거칠 수 있다. 전도 대상에 대한 사전 이해를 위한 준비가 필요하다. 다음으로 탈북민을 만나는 것이다. 대한민국 전 지역과 탈북민이 거주하는 지역을 파악하고 하나센터와 같은 기관을 통해 정보를 수집하는 것이 중요하다. 또한 탈북민을 돕는 기관과 접촉하여 만나거나 탈북민 선교단체, 탈북 청소년 대안학교와 같은 기관과 협력하여 돕고 섬기는 것이 중요하다. 다음으로 친구 맺기, 자매결연, 가족 맺기, 멘토링과 같은 방법으로 지속적인 관계를 유지하는 것이 중요하다. 다음으로 탈북민의 필요를 파악하고 교육, 상담, 장학, 정보, 선물 등과 같은 도구로 사랑 안에서 지속적인 돌봄이 필요하다.

예를 들어 생일이나 명절에 가족으로 초청하거나 식당에서 생일파티를 하거나 함께 추억의 시간을 보내는 것이다. 이러한 신뢰 관계가 쌓이게 되었을 때 그들에게 전도할 수 있다. 다음으로 교회 공동체로 초대하는 것이다.

3) 성령의 역사가 필요하다.

"내 말과 내 전도함이 설득력 있는 지혜의 말로 하지 아니하고 다만 성령의 나타나심과 능력으로 하여 너희 믿음이 사람의 지혜에 있지 아니하고 다만 하나님의 능력에 있게 하려 하였노라"[67]

사도바울은 복음을 전할 때 설득력 있는 말로 하지 않고 성령의 나타나심과 능력으로 전했다. 하나님의 사역은 인간이 할 수 있는 것이 아니다. 전도 역시 인간의 능력으로 할 수 있는 것이 아니라 성령 하나님의 능력으로 인간을 통해서 다양한 관계와 삶을 통해서 이루시는 하나님의 구원 역사이다.

전도를 위해서는 전도자가 성령 하나님을 전적으로 신뢰해야 한다. 이를 위해서는 전적 기도가 필요하다. 전도해야 할 대상을 위해 중보기도를 통해 하나님께 아뢰고 맡겨 드리는 것이다. 그리고 중요한 것은 타이밍이다. 전도자의 타이밍이 아니라 하나님의 타이밍을 기다려야 한다. 사도바울도 고백하기를 "나는 심었고 아볼로는 물을 주었으되 오직 하나님께서 자라나게 하셨나니 그런즉 심는 이나 물 주는 이는 아무 것도 아니로되 오직 자라게 하시는 이는 하나님뿐이니라."[68] 전도자를 통해서도 성령 하나님은 역사하신다. 또한 하나님께서 구원하시기로 예정하신 예비 신자들을 통해서도 성령 하나님께서 역사하시는 것을 믿어야 한다. '오직 자라나게 하시는 이는 하나님뿐'이시기 때문이다. 구원의 주권은 하나님께 있다.

전도자는 전도해야 할 대상을 위해 기도하며 지속적인 관계와 만남을 가져야 한다. 하나님의 때에 만남을 주시고 인격적인 관계 안에서 말과 행동과 사랑으로 환대를 통해서 영접하게 하신다. 성령 하나님께서 전도자에게 강력한 기도의 마음을 주시고 복음을 전해야 할 마음을 주시고 그러한 상황과 만남을 허락하실 때 담대하게 복음을 전해야 한다. 하나님께서 전도자에게 해야 할 말을 알게 하시고 전달하게 하실 것이다. 만약 전도자가 전하지 않는다면 하나님은 전도 받아야 할 대상을 통해서 "당신이 믿는 하나님을 믿으려면 어떻게 해야 하나요?"라는 질문을 통해서 전도하게도 하신다. 그래서 전도자는 때를 얻든지 못 얻든지 영혼 구원에 대해 항상 말할 것을 준비해야 하고 기도해야 한다.

하나님께서는 우리가 만나야 할 사람들을 만나게 하시고 감동을 주시고 입술을 열어 복음을 담대하게 전하게 하신다. 하나님께서 당신을 얼마나 사랑하시는지를 전하고 깨닫게 하는 것이 중요하다. 이것은 인간이 오랜 시간 설명해서 깨닫게 하는 것이 아니라 성령 하나님께서 전하는 자와 듣는 자에게 역사하실 때 가능한 것이다.

4) 인격적인 전도 방법

탈북민들은 일방적이고 강제적인 것에 대한 트라우마를 가지고 있다. 북한에서 자신의 의지와는 상관없이 끌려다녔기 때문이다. 따라서 대한민국에 와서 북한과 유사한 방식으로 대우받는다고 느끼면 마음의 문을 닫는다. 구제나 장학금 혹은 인간관계로 인해 한두 번은 교회에 나갈 수 있으나 그렇다고 하나님을 믿는다고 착각하면 안 된다. 구제나 장학금이 끊기면 교회와 거리를 둔다. 탈북민들에게 구제도 중요하고 교회에 출석시키는 것도 중요하지만 무엇보다 먼저 하나님을 만나도록 돕는 것이 중요하다.

그렇다면 어떻게 하나님을 만나도록 도울 수 있을까? 인격적인 관계 속에서 전도해야 한다. 하나님은 우리를 자신의 형상을 닮아가도록 만드셨다. 하나님을 닮아가도록 지어진 우리는 인격적인 관계 속에서 성장한다. 여기서 인격은 지, 정, 의를 지닌 존재이다. 지성, 감정, 의지를 통해 머리, 마음, 의지의 결단을 통해 하나님께로 시선을 고정하고 하나님을 닮아가는 것이다.

예수님은 우리에게 마음 문을 열기를 기다리신다. "볼지어다 내가 문 밖에 서서 두드리노니 누구든지 내 음성을 듣고 문을 열면 내가 그에게로 들어가 그와 더불어 먹고 그는 나와 더불어 먹으리라"[69] 예수님은 우리 각 사람이 마음을 열면 그에게로 들어오신다. 그리고 우리의 목자가 되어 주신다. 우리는 예수님의 양으로서 목자의 음성을 듣고 따르며 인도함을 받아야 한다. 그러나 하나님을 만나기 전의 모습은 '자기 운명의 주인이 자기 자신'[70]이었다. 즉 하나님 대신 자신을 주인으로 삼고 살았다. 주인의 자리에서 내려오기는 절대 쉽지 않다. 운전대를 다른 사람에게 맡기는 것조차 불안

할 수 있다. 운전대를 맡겨 본 경험이 없기 때문이다. 설령 맡겨 본 경험이 있다고 하더라도 아무 능력도 없는 거짓된 우상에 맡겨 본 경험이라면 더욱 불안하다. 한번 속아서 살아온 삶을 회복하는 데에는 오랜 시간이 걸리기 때문이다.

"도둑이 오는 것은 도둑질하고 죽이고 멸망시키려는 것뿐이요 내가 온 것은 양으로 생명을 얻게 하고 더 풍성히 얻게 하려는 것이라"[71] 김부자는 우리를 도둑질하고 멸망시키는 거짓된 우상이었다. 그러나 예수 그리스도는 우리를 살리시고 구원하시는 생명의 주인이시다. 예수님이 우리 삶의 중심에 자리 잡으시고 우리의 주인이 되실 때 모든 사람은 온전한 안식을 얻을 수 있다.

예수님께서는 우리에게 말씀하셨다. "수고하고 무거운 짐 진 자들아 다 내게로 오라 내가 너희를 쉬게 하리라 나는 마음이 온유하고 겸손하니 나의 멍에를 메고 내게 배우라 그리하면 너희 마음이 쉼을 얻으리니 이는 내 멍에는 쉽고 내 짐은 가벼움이라"[72] 우리가 전도해야 하는 이유는 탈북민들이 예수님을 만날 때 모든 무거운 짐을 맡기게 되고 진정한 쉼을 얻게 되기 때문이다. 오직 예수께 자유가 있고 기쁨이 있고 소망이 있기 때문이다.

5) 우리가 전해야 할 복음

"하나님이 세상을 이처럼 사랑하사 독생자를 주셨으니 이는 그를 믿는 자마다 멸망하지 않고 영생을 얻게 하려 하심이라"[73]

복음은 "하나님께서 당신을 얼마나 깊이 사랑하시는지"를 깊이 경험하는 것이다. 하나님은 그가 누구이든 무조건 사랑하신다. "하나님은 어떻게 사랑하시는가?" 하나님은 하나밖에 없는 아들 예수 그리스도를 십자가에 죽이시기까지 사랑하셨다.

"왜 하나님은 당신을 사랑하시기 위해 아들을 죽이셨는가?" 모든 인간은 죄인이다. 자신의 죄로 인해 죽어 지옥에 갈 수밖에 없는 존재들이다. 그런 인간에게 스스로는 구원의 길이 없다. 죄로 인해 하나님과의 관계가 끊어져 있었기 때문이다. 인간의 죄를 대신해서 하나님의 아들 예수님께서 십자가에 달려 죽으셨다. 우리가 죄로 인해 죽어야 할 그 십자가에서 예수님이 대신 죽으신 것이다.

자신의 죄를 회개하고 예수님을 믿으면 하나님의 자녀가 되는 권세를 주신다. 즉 하나님의 양아들이 되는 것이다. 예수 그리스도를 믿는 자는 하나님과 관계가 회복되어 하나님 나라의 영원한 삶을 누리게 될 것이다. "우리가 아직 죄인 되었을 때에 그리스도께서 우리를 위하여 죽으심으로 하나님께서 우리에 대한 자기의 사랑을 확증하셨느니라"[74] 구원은 하나님의 무한한 사랑을 깨닫고 받아들이는 것이다.

6) 전도의 실천: 복음을 어떻게 전할 것인가?

전도 방법은 매우 다양하다. 4영리 전도 방법, 다리 예화 전도 방법, 3포인트 전도 방법, 4포인트 전도 방법, 5포인트 전도 방법 등 지금도 계속 개발되고 있다. 여기서는 다양한 전도 방법을 설명하기보다는 필자가 탈북민을 상대로 하는 전도 방법만 설명하고자 한다.

필자의 전도 방법은 상황에 따라 유연하게 대응한다. 또한 인격적인 관계를 전제로 성령 하나님의 도우심을 구하며 전도한다. 그럼에도 전도에는 정답이 없다. 그러나 필자가 사용하는 세 가지 전도 방법이 탈북민 한 영혼을 전도하는 데 참조가 되기를 바란다.

① 인격적인 전도 방법

인격적인 전도 방법은 관계 전도 방법이다. 탈북민과 오랜 시간 관계를 맺으면서 삶으로 하나님을 전하는 방법이다. 또한 자신이 어떻게 하나님을 만났는지에 대한 간증을 통해 하나님을 전하고 하나님을 만날 수 있도록 돕는 방법이다. 짧게는 며칠에서 길게는 십 년 넘게 관계 맺다가 상대가 하나님에 대한 궁금증이 있을 때 자연스럽게 이야기 나누면서 전도하는 방법이다.

- **지(지성)**: 내가 만난 하나님이 어떤 분이신지에 대해서 간증을 나누고 하나님의 말씀을 통해 그분을 더 깊이 이해하

도록 돕는다.
 - **정(감정)**: 전도해야 할 대상자의 이야기에 공감하고 그들이 삶의 자리에서 하나님을 만나도록 돕는다.
 - **의(의지)**: 하나님의 자녀가 되도록 의지의 결단을 통해 예수 그리스도를 영접하도록 돕는다.

② 5분 전도 방법

5분 안에 전도하는 방법은 만나는 대상이 시간이 촉박하거나 짧은 시간 안에 전도할 때 사용하는 방법이다.

"하나님은 당신을 사랑하십니다. 그러나 죄로 인해 하나님과의 관계가 끊어졌습니다. 하나님과 관계가 끊어진 인간은 그 어떤 철학이나 선행이나 종교나 노력으로 회복시킬 수 없습니다. 그래서 하나님의 아들 예수 그리스도께서 이 땅에 오셔서 죄의 문제를 해결해 주셨습니다. 예수님을 영접하면 당신은 죄의 문제를 해결 받게 됩니다. 예수님을 영접하면 하나님과의 관계를 회복하고 하나님의 자녀가 될 수 있습니다. 그 예수님을 영접하시겠습니까?"

전도의 대상자가 "네" 동의하면

"영접 기도를 따라 하시면 됩니다. 사랑의 하나님 감사합니다. 하나님 앞에 저는 죄인입니다. 나의 죄를 대신하여 십자가에 죽으시고 부활하신 예수님을 나의 구원자로 영접합니다. 제 마음에 오셔서 주인이 되어 주시기를 원합니다. 지금부터 영원까지 저를 붙들어 주시고 인도하여 주시옵소서. 예수님의 이름으로 기도합니다. 아멘"

③ 20분 전도 방법

20분 내외로 전도하는 방법으로는 다리 예화[75] 전도 방법을 필자만의 방법으로 응용해서 사용하고 있다.

첫째. 하나님의 선물은 영생입니다.

> "사람이 만일 온 천하를 얻고도 자기 목숨을 잃으면 무엇이 유익하리요"(막 8:36)

하나님께서 교제를 나누기 위해 자기 형상대로 인간을 창조하셨습니다. 인간은 하나님과 교제하며 풍성한 삶을 누릴 수 있었습니다. 그러나 인간이 하나님께 불순종하여 죄가 들어와 이 교제를 끊어 놓았고 우리는 하나님께서 주시는 축복을 더 이상 누리지 못하게 되었습니다.

둘째. 당신의 상태는?

1) 당신은 죄인입니다.

"모든 사람이 죄를 범하였으매 하나님의 영광에 이르지 못하더니"
(롬 3:23)

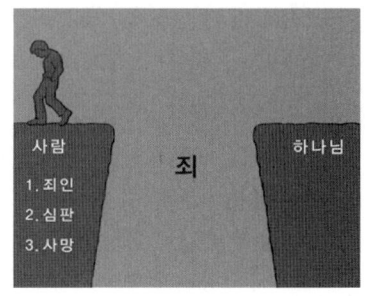

2) 당신은 심판받게 됩니다.

"한 번 죽는 것은 사람에게 정해진 것이요 그 후에는 심판이 있으리니"(히 9:27)

3) 형벌은 사망 곧 지옥입니다.

"그러나 두려워하는 자들과 믿지 아니하는 자들과 흉악한 자들과 살인자들과 음행하는 자들과 점술가들과 우상 숭배자들과 거짓말하는 모든 자들은 불과 유황으로 타는 못에 던져지리니 이것이 둘째 사망이라"(계 21:8)

셋째. 인간의 힘으로는 구원받지 못합니다.

죄로 인해 하나님과 인간이 끊어진 관계를 해결하기 위해 선행, 도덕적으로 깨끗한 삶을 살며 교육이나 철학을 통해서 또는 종교를 가지고 종교의식을 충실히 행함으로 이 죄 문제를 해결하고 하나님께 나아가려고 하지만 인간의 힘으로는 하나님의 의의 수준에 도저히 이를 수 없습니다.

"너희는 그 은혜에 의하여 믿음으로 말미암아 구원을 받았으니 이것은 너희에게서 난 것이 아니요 하나님의 선물이라 행위에서 난 것이 아니니 이는 누구든지 자랑하지 못하게 함이라"(엡 2:8, 9)

넷째. 하나님께서 당신을 위해 엄청난 일을 하셨습니다.

하나님께서 우리를 구원하시기 위해 그 아들 예수 그리스도를 이 세상에 보내신 것입니다.

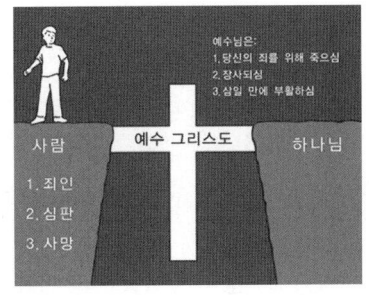

예수님께서는 죄가 없는 분이셨지만 우리 죄에 대한 형벌을 대신 받으시기 위해 십자가에 달려 죽으셨습니다. 이로써 하나님께서 요구하시는 공의가 만족되었습니다. 또한 하나님께서는 죽은 자 가운데서 사흘 만에 다시 살리셨습니다.(고전 15:3-4)

예수님께서는 하나님으로부터 분리되었던 우리가 하나님께로 갈 수 있는 유일한 다리가 되어 주셨습니다. (요 14:6)

다섯째. 어떻게 영생을 얻을 수 있을까요?

다리는 놓였고 하나님의 약속은 주어졌습니다. 그러나 당신이 그 다리를 건너가지 않는 한 결코 영생을 얻을 수 없습니다. 하나님께서는 당신이 어떻게 그 다리를 건너갈 수 있는지를 말씀하십니다.

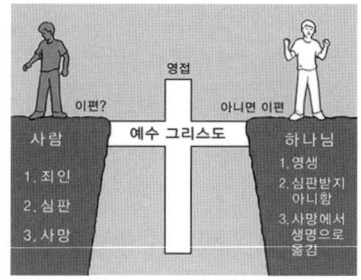

"내가 진실로 진실로 너희에게 이르노니 내 말을 듣고 또 나 보내신 이를 믿는 자는 영생을 얻었고 심판에 이르지 아니하나니 사망에서 생명으로 옮겼느니라"(요 5:24)

여섯째. 예수 그리스도를 믿으시겠습니까?

믿는다는 것은 하나님께서 선물로 주시는 영생을 얻기 위해 예수 그리스도를 진심으로 의지하고 당신의 마음과 삶에 모셔 들이는 것을 의미합니다. (요 1:12, 계 3:20)

"사랑의 하나님 감사합니다. 하나님 앞에 저는 죄인입니다. 나의 죄를 대신하여 십자가에 죽으시고 부활하신 예수님을 나의 구원자로 영접합니다. 제 마음에 오셔서 주인이 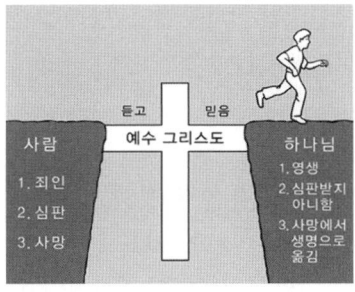 되어 주시기를 원합니다. 지금부터 영원까지 저를 붙들어 주시고 인도하여 주시옵소서. 예수님의 이름으로 기도합니다. 아멘"

일곱째. 하나님의 자녀는 예수님을 닮아가야 합니다.

> "우리가 다 하나님의 아들을 믿는 것과 아는 일에 하나가 되어 온전한 사람을 이루어 그리스도의 장성한 분량이 충만한 데까지 이르리니"(엡 4:13)

예수님을 믿음으로 하나님의 자녀가 되셨습니다. 이제 하나님과 그의 아들 예수님을 아는 것을 위해 하나님의 말씀인 성경을 읽으시고 교회에 나가셔서 예배를 통해 날마다 하나님을 만나야 합니다. 또한 하나님의 자녀로서 말씀을 통해 예수님을 닮아가는 삶을 살아야 합니다. 교회 공동체가 이를 도울 수 있습니다.

"갓난 아이들 같이 순전하고 신령한 젖을 사모하라 이는 그로 말미암아 너희로 구원에 이르도록 자라게 하려 함이라."(벧전 2:2)

  위의 내용을 통해 5분, 또는 20분 등 복음을 전할 수 있다. 함께 읽는 것만으로도 큰 도움을 얻을 수 있는 것이다. 가능한 외워서 자신만의 전도 방법을 만들어 내는 것을 추천한다.
  전도의 다양한 방법을 배웠다고 할지라도 전도는 절대 쉽지 않다. 길거리에서 소리를 지르는 미친 사람처럼 보일 것이라는 두려움, 거절당할 것이라는 두려움, 상처받을 것이라는 두려움 등 다양한 두려움이 있기 때문이다. 그러나 가게에서 물건을 파는 사람이 물건에 대한 확신을 갖고 소개하듯 복음을 전하는 전도자도 복음에 대한 확신과 소명이 있을 때 담대하게 복음을 전할 수 있다.
  심지어 미친 사람에게서도 전도자는 배울 것이 있다. 첫째. 미친 사람은 사람을 가리지 않는다. 둘째. 미친 사람은 어디든 돌아다닌다. 셋째. 미친 사람은 모든 사람에게 웃는다. 넷째. 미친 사람은 어떤 일이든 상처받지 않는다. 어쩌면 전도자도 복음에 미쳐야 한다. 아니 제대로 예수님께 미쳐야만 복음을 전할 수 있다. 나는 죽고 예수님께 제대로 미치면 예수님으로 인해 내가 살고 또 다른 사람을 살릴 수 있다. 당신은 예수님께 미쳐 있는가? 그렇다면 당신도 탈북민들에게 복음을 전할 수 있다.

2장. 탈북민 일대일 양육

1) 예수제자란 무엇인가?

"누구든지 나를 따라오려거든 자기를 부인하고 자기 십자가를 지고 나를 따를 것이니라"[76] "새 계명을 너희에게 주노니 서로 사랑하라 내가 너희를 사랑한 것 같이 너희도 서로 사랑하라 너희가 서로 사랑하면 이로써 모든 사람이 너희가 내 제자인 줄 알리라"[77]

첫째, 예수님을 만나고 자기를 부인하는 사람이다.
둘째, 자기 십자가를 지고 예수를 따르는 사람이다.
셋째, 예수님이 우리를 먼저 사랑하신 것처럼 서로 사랑하는 사람이다.

첫째, 우리는 자기중심의 자리에서 내려와 예수님을 주인으로 모셔야 한다. 자기 자신을 부인하기 위해서는 먼저 예수님을 만나야만 한다. 예수님을 만날 때만이 자기중심의 자리에서 내려와 예수님을 왕으로 모실 수 있다. 아무리 교회를 오래 다니고 교회의 모든 프로그램 과정을 마치고 직분을 맡았다고 해도 예수님을 만나지 못했다면 종교인에 지나치지 않는다. 인간을 쫓다가 결국 실망하고 더 이기적인 존재로 전락하기 쉽다. 그러나 예수 그리스도 안에서 내가 죽고 예수 그리스도로 살아가는 사람이라면 예수제자가 될 수 있다.

둘째, 예수님은 하나님의 아들로서 죄의 형벌인 십자가를 지셨다. 죄로 인해 죽을 수밖에 없었던 우리를 대신하여 십자가를 지셨다. 그 이유는 하나님께서 우리를 사랑하셨기 때문이다. "우리가 아직 죄인 되었을 때에 그리스도께서 우리를 위하여 죽으심으로 하나님께서 우리에 대한 자기의 사랑을 확증하셨느니라"[78] 십자가는 하나님께서 우리 인간을 사랑하신 증거이다. 예수님께서 지신 십자가는 인간이 죄로 인해 단절되었던 하나님과의 관계를 회복시켜 주셨고 구원을 통해 하나님의 자녀 되는 신분을 허락하셨다.

자기 십자가를 진다는 것은 예수님께서 자기 십자가를 지셨던 것처럼 우리도 하나님의 자녀로서 우리 삶에 마주하는 크고 작은 어려움과 시험들을 믿음 안에서 이겨내며 하나님의 뜻에 복종하는 삶을 의미한다. 어떠한 일이 있다고 할지라도 자기 십자가를 질 수 있는가? 어떠한 고난이 있다고 할지라도 자기 십자가를 지고 예수님을 따를 수 있는가? 이 질문에 예수제자는 답을 할 수 있어야 한다.

셋째, "이스라엘아 들으라 우리 하나님 여호와는 오직 유일한 여호와이시니 너는 마음을 다하고 뜻을 다하고 힘을 다하여 네 하나님 여호와를 사랑하라"[79] 우리는 유일하신 여호와 하나님을 사랑하는 것과 그가 보내신 독생자 예수 그리스도를 사랑해야 한다. 그 이유는 하나님께서 먼저 우리를 사랑하셨기 때문이다. 하나님은 조건 없는 아가페 사랑을 주셨다. 하나님의 선택을 받은 우리는 아무런 조건 없이 하나님의 은혜로 사랑을 받은 것이다. 그의 사랑을 받은 우리가 하나님을 사랑하고 예수님을 사랑하고 성령님을 사랑하는 것은 마땅한 일이다. 하나님께서 우리를 사랑하심과 같이 나 자신을 사랑하고, 나 자신을 사랑하듯 이웃도 서로 사랑해야 한다. 예수님께서 말씀하신 계명이기 때문이다. 예수님을 따르는 제자는 그분의 말씀에 무조건 복종해야만 한다.

우리는 하나님의 말씀과 뜻에 복종해야 한다. "주의 말씀은 내 발에 등이요 내 길에 빛"[80]이다. 예수님의 제자는 매일 말씀에 죽고 매일 말씀으로 살아야 한다. 그래서 인간이 중심이 아니라 예수님 중심으로 예수님이 내 삶의 왕이 되는 삶으로 살 때 우리는 예수님을 따르고 하나님의 형상을 닮아갈 수 있다.

2) 일대일 제자양육은 무엇인가?

"일대일 제자양육이란 양육자와 동반자가 일대일로 만나서 교재를 중심으로 말씀을 공부하고 삶을 나누면서 함께 그리스도가 다스리시는 삶을 배우는 훈련 과정이다."[81]

멘토(mentor)는 자신의 신앙적 경험과 하나님 말씀의 지식을 바탕으로 다른 사람을 지도하고 조언해 주는 사람을 말한다. 멘티(mentee)는 영적 멘토로부터 신앙적 상담과 조언을 통해 하나님을 알아가는 사람이다. 따라서 "예수제자" 일대일 양육에서는 양육자는 멘토가 되고 양육 받는 자는 멘티가 된다. 멘토와 멘티는 하나님께서 맺어주신 영적 가족이 되어 하나님의 자녀이자 예배자로서 함께 하나님 앞에 나아가게 된다.

3) 왜 일대일 제자양육을 해야 하는가?

필자가 쓴 탈북민 일대일 양육 교재인 "예수제자" 책 머리글에 쓴 내용을 재인용하고자 한다. "예수 그리스도 구원의 사건은 지금도 계속되고 있습니다. 누군가는 복음을 전해야 하고 누군가는 예수 그리스도의 제자를 양육해야 합니다. 오랜 신앙생활을 했다고 하더라도 지금까지 단 한 사람에게도 복음을 전하지 못했다면 지금부터 다시 체계적으로 예수제자 훈련을 받으셔야 합니다. 병사와 장교가 훈련받고 나면 병사는 군 생활을 잘하고 장교는 병사들을 잘 통솔해야 하듯이 책을 접한 모든 분이 영적 리더로 준비되어 복음을 전하고 말씀으로 양육하여 하나님 나라의 공동체로 세워갈 수 있는 예수제자들이 되기를 소망합니다."

일대일 제자양육은 모든 사람이 하나님을 인격적으로 만나도록 돕는 것을 목적으로 한다. 성경 지식을 전수하는 것이 아니라 예수 그리스도를 믿는 멘토의 삶과 그의 관계를 통해 멘티가 하나님을 인격적으로 만나도록 중보하며 돕는 것이다. 일대일 양육의 전 과정은 예수님을 따르는 제자의 삶에 변화와 영적 성장을 이루어 하나님의 기쁘시고 온전하신 뜻을 분별하고 예수님을 닮아가게 하는 데 있다.

4) 일대일 제자양육을 어떻게 해야 하는가?

"예수제자" 일대일 양육 교재를 가지고 매주 1회 이상 또는 월 1회 이상 지속해서 만나는 것이 중요하다. 1회의 만남은 2시간 이내로 하는 것이 적절하다. 한 번에 한 과씩 진행하는 것을 기준으로 하되 멘티의 이야기를 듣다 보면 시간이 부족해서 한 과를 마치기가 어려울 수 있으므로 상황에 따라 한 과를 여러 번 나눠서 진행해도 좋다.

양육 교재는 앞장부터 끝장까지 읽어야 하며 어떤 내용도 건너뛰어서는 안 된다. 과거에 이와 비슷한 교재를 배워서 알고 있다고 넘어가거나 양육 교재를 제외하고 다른 교재를 가지고 진행해서는 안 된다. 교재를 끝까지 다 이수했다 하더라도 다른 사람에게 앞장부터 가르칠 수 있도록 "예수제자" 양육 교재 전 과를 반복해서 복습해야 한다. 교재 하나를 제대로 배우고 숙지했을 때 멘티에서 멘토가 될 수 있다. 말씀의 본질과 훈련의 기본이 중요하기 때문이다. 아는 것보다 더 중요한 것은 멘토의 삶을 통한 인성과 영성 삶의 훈련이 중요하다.

"예수제자" 양육 교재를 반복하는 이유는 복음은 말씀이고 복음은 단순하기 때문이다. 복음은 프로그램이 아니다.

하나님의 말씀을 무한히 반복함을 통해서 일대일 양육의 재생산을 위해 반복이 필요하다. 머리에서 마음으로 내려와 행동으로 옮겨지기까지 하나님의 말씀이 육화되도록 하기 위함이다.

"예수제자" 일대일 양육은 주입식이 아니라 멘토와 멘티가 함께 참여하고 소통하는 방식으로 진행되어야 한다. 멘토와 멘티가 6:4 비율로 말하는 것이 바람직해 보인다. 멘토와 멘티는 시간을 맞춰 약속하고 약속한 시간은 반드시 지켜야 한다. 멘토는 먼저 삶의 본을 보여야 한다. 탈북민 사역에서 가장 어려운 것은 시간 약속이다. 멘토는 멘티의 의견을 적절히 듣고 교재 안에 있는 성경 말씀을 중심으로 나누어야 한다. 양육의 기준은 하나님의 말씀이기 때문이다. 화려한 말보다 하나님의 말씀이 우리를 살게 한다. 일대일 양육을 시작할 때는 가능한 멘티가 기도로 시작하고 마칠 때에는 일대일 양육을 하며 교제한 내용 중심으로 멘토가 멘티를 위해 기도하고 마친다.

멘토가 되기 위한 훈련으로는 "예수제자" 일대일 양육 교재를 먼저 완료해야 한다. 이후에도 "예수제자" 일대일 양육 교재를 기본 교재로 사용하면서 참조 자료로 "왜 일대일 제자양육인가?", "하나님이 보내신 탈북민"을 통해 멘토 훈련을 받는 것을 권장한다. 마지막으로 성경을 읽으면서 하나님의 말씀을 이해하도록 돕는 교재, 매일 큐티 할 수 있는 『매일 성경』과 같은 교재들을 중심으로 함께 신앙생활 하는 것을 권장한다. 프로그램이 사람을 변화시키는 것이 아니라 하나님의 말씀이 우리를 변화시킨다. 다시 말씀으로 돌아가 예배자로 살아야 한다.

5) 탈북민에게 일대일 제자양육이 어떤 도움이 되는가?

관계 탈북민들은 한국 사회에서 학연, 혈연, 지연의 결여로 인해 관계 형성에 어려움을 겪는다. 사람들과 잘 어울리지 못하거나 사회성이 부족한 탈북민에게 한국은 거대한 감옥처럼 느껴질 수 있다. 그러나 일대일 양육을 통해 멘토와 멘티가 예수 그리스도의 사랑 안에서 하나가 되어 영적 가족이 되는 것은 마치 자녀와 부모, 친구와 친구, 믿음의 동역자, 중보기도자가 되어 하나님 앞에서 함께 예배자가 되어가는 소중한 관계이고 만남이다.

신앙 탈북민과 제3국 출생 자녀들은 한국 사회에서 경계인으로 살아가며 정체성을 찾지 못하는 경우가 많다. 그러나 일대일 제자양육을 통해 복음 안에서 정체성을 분명하게 하고 신앙공동체 안에서 하나님 나라의 소속감을 느끼게 된다. 꿈이 없던 청년들이 꿈을 꾸게 되고 소망을 품게 된다. 죄의 결박으로부터 이길 수 없던 이들은 예수 그리스도의 능력으로 죄를 멀리하고 하나님을 찬양하고 예배하는 예배자로 세워진다. 일대일 제자양육을 통해 에스라, 느헤미야처럼 내 동족을 복음화하는 선교의 사명자들로 준비해야 한다.

정착 일대일 제자양육은 탈북민들이 한국 사회에서 정착하는 데 필수적이다. 먼저 온 탈북민 선배와 한국인 멘토와 만나는 것은 탈북민들이 한국 사회에 적응하는 데 큰 도움을 준다. 멘토는 탈북민들이 한국 사회에서 필요한 정보를 제공하고 교육, 진로, 취업, 상담 등 다양한 문제 해결을 돕기 때문이다. 또한 멘토는 탈북민들이 고민을 나누고 함께 기도하며 크고 작은 문제를 해결해 나갈 수 있도록 돕는다.

교육 일대일 제자양육의 과정은 탈북민들이 성경, 한국어, 경제, 문화, 사회, 역사 등 한국 생활에 필요한 지식을 배우는 데 도움을 준다. 멘티의 재능과 관심사에 따라 다양한 체험을 시킬 수도 있고 과외를 시킬 수도 있다.

치유 탈북민들은 북한, 제3국, 탈북 과정에서 수많은 트라우마를 겪었다. 일대일 만남은 과거의 힘들었던 이야기를 꺼내놓고 함께 기도하며 치유의 역사가 많이 일어난다. 또한 탈북민들은 한국 사회에 적응하면서 심리적 외로움을 겪을 수 있는데 일대일 만남을 통해 그 문제를 해소할 수 있다. 사람과 환경으로부터 상처받은 탈북민들은 하나님의 사람들과 행복한 추억을 쌓아 가면서 예수 그리스도 안에서 치유된다.

동역자 일대일 제자양육을 통해, 상처가 회복된 치유자가 되어 또 다른 탈북민을 치유하는 사역자로 성장한다. 또한 멘티에서 멘토로 성장하여 영적 리더로 양성된다. 더 나아가 믿음의 동역자로 동반 성장하여 북한선교를 위한 사역자로 준비된다.

예수제자 일대일 양육은 예수님 사랑 안에서 영적 자녀를 낳는 사역이다. 언제까지 일대일을 해야 할까? 자녀가 독립

해서 죽을 때까지이다. 이것은 일대일 양육이 끝이 없다는 것을 의미한다. 일대일 양육은 믿음의 동역자 또는 평신도 사역자로 세워져 가는 과정이다. 일대일 양육은 서로 사랑하는 법을 배우는 것이며 함께 예배하는 법을 배우는 것이며 예수님의 제자로 자라는 법을 배우는 것이며 교회를 세워가는 법을 배우는 것이며 선교의 동역자로 준비하는 것이다.

하나님께서 탈북민 선교의 문을 열어 주셨다. 한국교회가 탈북민 선교를 잘 감당할 때 비로소 준비된 탈북민 동역자들과 함께 북한에 가서 2,500만 앞에서 복음을 전하고 선교하게 될 것이다. 우리는 함께 땅끝 선교를 감당하는 제사장 민족으로 쓰임 받을 수 있을 것이다. 탈북민 한 명을 만나게 해달라고 기도하고 전도하고 가르치고 함께 예배자, 동역자로 살아갈 수 있기를 바란다.

3장. 탈북민을 미혹하는 이단과 대안

1) 이단의 정의

이단이란 시작과 끝이 다른 것을 말한다.[82] 이단은 그리스도를 배척하거나 기독교의 진리에 상반되는 도를 전한다. 즉 예수 그리스도가 전한 복음과는 전혀 다른 복음을 전하는 것이다. 성경은 이단에 대해 예수께서 육체로 오신 것을 부인하고[83] 하나님의 아들 그리스도이심을 부인하며[84] 예수께서 구주 되심을 부인하여 멸망을 초래하는 거짓 선지자들을 말한다고 명시한다.[85]

이단이란 본질적으로 유사성이 없고 오직 차별성만 있는 신앙체계이다. '헤테로스'란 말은 바로 그러한 질적 차이를 표현하는 용어로서 '다른 영' '다른 복음' '다른 이름'에 사용되었다.[86] 이단은 복음을 말하면서도 성경이 말하는 복음과는 전혀 다른 복음을 말한다. 하나님의 성령과 다르고 예수의 영과도 본질적으로 다른 영을 전파하고 그 영을 받게 한다. 또한 하나님의 아들 구원자 예수 이름 외에 다른 이름을 주장하고 신앙한다.[87]

2) 탈북민 선교를 위한 이단 포교의 심각성

탈북민 교회, 탈북민 선교단체들을 대상으로 이단들은 깊은 관계를 맺고 탈북민 대상으로 포교 활동을 하고 있다. 이 주제를 가지고 4명의 탈북민 목회자와 2명의 한국 목회자가 모여 이단에 포교 된 탈북민 대상으로 인터뷰하고 그 근거로 발제하고 토론을 한 적이 있다. 그 결과는 심각했고 돈과 권력으로 밀어붙이는 이단들의 포교 행태는 탈북민교회에 깊이 들어와 있었다.

이단들은 자기들을 공격하는 기관들을 공격하기 때문에 이단에 관한 내용들은 비공개로 진행해야 했다. 이 책에서도 피해 갈 수 있었지만 잃은 양 한 마리를 구원하기 위한 예수님의 마음으로 이단에 포교된 탈북민들을 구원하고 이단 포교에 넘어가지 않게 하려면 반드시 다루어야만 했다.

탈북민들을 대상으로 포교 활동 하는 이단들의 영향은 북한선교에도 악영향을 끼친다. 북한이 문이 열렸을 때 이단들의 역할도 무시할 수 없다. 통일교가 대표적인 사례이다. 통일교 문선명은 김일성 생존 시에 김일성과 만나 북한 내에 평화자동차 공장을 세워주고 보통강 호텔을 운영하는 등 북한 내에서 입지를 다졌다. 이러한 영향은 북한 주민들에게 긍정적인 이미지 효과를 주었다.

이단들이 북한선교 전략을 세우고 탈북민을 포교하는 현장들을 경험하면서 한국교회와 탈북민교회는 이에 따른 심각성을 인지하고 관련 실태와 대안을 모색해야 한다.

3) 탈북민 대상 이단 포교 사례

이단들의 북한선교 전략은 구체적이고 계획적이다. 이단에 넘어간 탈북민 사역자들이 찾아와서 만난 사례도 있고 중국에서 함께 훈련받은 형제·자매들이 이단에 넘어간 이들을 만나 이야기 나눈 적도 있다. 한국 ○○신학교 교수로 재직하던 이단 교수도 학교에 이야기해서 퇴출시킨 적도 있다.

필자가 사역하면서 이단을 많이 만날 수 있었던 이유는 무엇일까? 첫째, 탈북민 사역자로서 탈북민을 많이 만날 수 있었기 때문이고 둘째, 『연어의 꿈』 자서전이나 탈북민 사역자로 노출되어 있어서 이단들의 표적이 되었기 때문일 수 있다. 이단 관련 사례는 필자의 주변에서 너무 흔하게 일어나는 일들이다. 지금까지 많은 탈북민을 이단으로부터 빼내기도 했지만, 일부 이단에 빠진 탈북민들은 쉽지 않았다.

이단은 사랑과 관심과 배려라는 친절을 베풀면서 동시에 물질적으로 접근한다. 낯선 한국 사회에서 외롭고 힘든 탈북민들에게 누군가가 찾아와 주고 지속해서 관심을 두면 얼어붙은 마음도 녹아내린다. 기독교에서 관심을 못 받던 사람들이 이단에서 관심과 친절을 경험하면 교리가 무엇이든지 간에 탈북민들은 이단의 밥이 되어 버린다.

과거에 만민중앙교회가 관광버스 수십 대를 동원하여 집 앞에서부터 탈북민들을 실어 나르며 탈북민 400명이 출석하도록 했다. 매월 20만 원과 김치, 쌀 등의 지원을 통해 관리 감독을 했다.

사랑하는교회(변승우)에도 탈북민 100명 정도 출석한다. 매월 교통비로 10만 원을 지급하고 있고 구정과 추석에 각각 20만 원씩 지원하고 있다.

통일교는 GPY NGO(www.gpyckoreablog.org)를 통해 통일 관련 UCC 공모전 해외 어학연수 등 다양한 지원을 통해 탈북민들을 통일교 일꾼으로 훈련시키고 있다.

안식교는 북한 내 NGO 활동 기구로 가장하여 북한에 들어가 빵 공장, 국수 공장, 평양에 유치원 지원 등을 통하여 북한 안에서 활동반경을 넓히고 있다. 국내에서도 다양한 북한선교 사업을 통하여 탈북민들을 끌어들이고 이들을 훈련시키고 있다.

우리가 잘 아는 남파간첩 출신 김신조씨는 김기동의 베뢰아에서 훈련받은 목사다. 김신조의 유명세로 인해 많은 탈북민이 성락교회로 찾아간다고 한다. 북한 어린이 돕기 음악회를 개최하고 탈북민들을 돕는 많은 사업을 진행하고 있다.[88]

필자는 엔케이피플선교회에서 매월 한반도를 위한 기도모임을 통해 ○○신학교 교수 부부를 만났다. 부부는 유튜브를 통해 필자를 알게 되어 기도 모임까지 참석하게 되었다고 했다. 전공이 음악인 부부는 북한선교를 위해 직접 작사 작곡한 2곡을 발표하고 '복음통일콘서트'에 참여하기도 했다. 또한 『연어의 꿈』책 내용을 바탕으로 뮤지컬 드라마 대본을 완성했다. 뮤지컬로 만들어 북한선교를 알리기 위해 기도하던 중 이상한 느낌을 받아 뒷조사를 시작했다. 출처를 따라 들어가 보니 교수 부부는 구원파 이단이었다.

교수 부부는 필자가 알고 있는 탈북민 관련 선교단체에서도 통일선교학교를 수료하고 주요 회원으로 활동하고 있었다. 필자는 이단성에 대해 목사님께도 말씀드렸다. 또한 ○○신학교에도 연락을 드려 이단성 검증을 요청했다. 검증 결과 이단으로 판명되어 신학교에서도 퇴출당하였고 탈북민 관련 선교단체에서도 퇴출당하였다. 엔케이피플선교회에서도 퇴출당하였다. 교수 부부는 너무 좋은 사람이었고 두 분의 헌신은 너무 귀했지만 구원파의 핵심 인물이었고 필자가 연관된 기관에서도 가르치는 교수였기 때문에 퇴출할 수밖에 없었다.

 수많은 이단을 만나면서 그들에게 역으로 참된 복음을 전하고 가르쳤지만 쉽지 않았다. 몇 시간씩 며칠을 성경 말씀에 대해 논쟁을 벌여봤지만 결국 이단 고수가 또 다른 고수를 불러들일 뿐, 답 없는 논쟁에 그쳤다. 예수 그리스도의 구원의 역사는 논리와 깨달음으로 믿어지는 세계가 아니라, 하나님의 말씀을 통해 성령의 역사 안에서 믿어지는 영적 세계이다.

 성령님이 임재하시면 하나님의 말씀이 진리이고 그 말씀 안에서 생명과 구원을 얻을 수 있음을 믿음으로 확신하게 된다. 이단들과의 끊임없는 논쟁의 시간을 겪을 때마다 깨닫는 것은 예수님께서 발의 먼지까지 떨어 버리라는 말씀이 떠올랐다.

4) 탈북민 대상 이단 포교 대안

첫째. 왜 탈북민들은 이단에 빠질까?

탈북민들이 이단에 빠지는 이유는 이단들이 탈북민들에게 끊임없이 접근해 관심과 친절, 물질적 지원을 아끼지 않기 때문이다. 또한 정상적인 교회로 위장해서 접근하기 때문에 이단인지 아닌지 분별하지 못하기 때문에 쉽게 넘어간다.

이단에 넘어간 탈북민들은 그 집단을 통해 사람다운 대접을 받는다고 느끼며 소속감을 얻을 때 이단에 대한 충성심을 보였다. 실제로 열심히 이단 활동을 하는 탈북민들을 만나보면 신앙과는 별개로 종교적 삶을 살아가는 모습을 볼 수 있다.

둘째. 어떻게 탈북민들이 이단에 빠지지 않도록 도울 수 있는가?

① 그리스도의 사랑으로 품어야 한다.

이단과 개신교가 탈북민들을 돈으로 유인하여 교회에 모으다 보니 탈북민 사회에서 교회는 돈을 주는 기관으로 인식하게 되었다. 탈북민들에게 교회에 가자고 하면 교회가 얼마 주는지부터 물어보는 사람이 많다. 돈이 사람의 영혼을 구원할 수 있다면 교회의 사역이 잘못되었다고 할 수는 없겠지만 돈은 사람을 구원할 수 없다. 처음에는 교통비나 구제 차원에서 돈을 주었더라도 교회가 돈을 주지 않으면 일부 탈북민들은 교회를 비난하고 떠나게 된다. 그 이유는 선교의 시작이 잘못되었기 때문이다. 탈북민들이 교회를 떠났다는 것에 잘못을 돌리기보다는 교회가 복음의 본질로 돌아가 참된 복음을 전해야 한다. 돈이 아니라 예수님의 사랑으로 품어야 한다. 개신교가 이단과 차이점이 무엇인지를 분명하게 드러낼 수 있어야 한다.

② 진정한 친구가 되어야 한다.

일부 탈북민들은 교회에서 돈을 받지 않고 신앙생활을 하면 이상하게 생각한다. 기존에 인식되어 온 탈북민 구제라고 하는 인식에서 출발한 것이다. 이러한 상황을 처음 접한 한국교회 목사님들은 이해하기 어려워한다.

탈북민들은 구제하고 도와야 할 대상이기 전에 함께 살아가야 할 친구요 가족이다. 친구끼리 생일날 돈을 서로 주고받는다면 그것은 어디까지 거래일 수 있으나 아낌없이 주는 마음을 표현한 것이라고 한다면 그에 따른 가치는 달라질 수 있다. 탈북민을 진심으로 대하면서 진정한 친구의 관계로 발전해 나갈 때 시간이 지나도 친구로 남아 있을 것이다. 그리고 북에서 온 친구라는 수식어를 붙이지 않을 것이다. 탈북민들은 그 뒤에 붙이는 수식어를 말하는 순간 차별을 받는다고 느끼게 된다.

③ 어떤 예수가 참 하나님인지 말씀으로 양육해야 한다.

탈북민들은 개신교와 이단의 차이에 대한 이해가 부족하다. 개신교 안에도 다양한 교단과 교파가 있고 이단도 많으므로 혼란스러워한다. 그래서 어떤 탈북민은 예수님 초상화를 집에 걸어 놓고 북한처럼 그 사진만 믿으면 안 되냐고 물었다. 교회마다 예수를 말하지만 너무 많은 예수가 있는 것처럼 오해하고 있었다. 어떤 예수가 진짜 하나님인지 혼란스러워했다.

탈북민들에게는 하나님, 예수님, 성령님, 구원과 같은 교리뿐만 아니라 건강한 교회와 이단에 대해서도 가르쳐야 한다. 종교에 대한 올바른 이해를 가지고 바른 신앙관을 가질 수 있도록 말씀으로 양육해야 한다.

④ 건강한 신앙을 가질 수 있도록 멘토들이 있어야 한다.

어린아이는 부모의 보호막이 절대적으로 필요하다. 마찬가지로 영적으로 태어난 탈북민들에게도 신앙이 자라기까지는 영적 부모가 필요하다. 영적 부모는 믿음의 분별력을 가진 영적 멘토라고 할 수 있다. 영적 멘토들이 일대일 양육으로 꾸준히 관계를 맺어 간다면 탈북민들도 영적 멘토로서 믿음의 성장을 이루어 다른 탈북민들의 영적 멘토가 되어 줄 것이다.

⑤ 교회 공동체가 믿음의 울타리가 되어야 한다.

신앙은 혼자서는 자라날 수 없다. 교회는 하나님 나라를 이 땅에 실현하는 작은 모형이라고 할 수 있다. 세상은 서로를 경쟁하며 자신의 존재를 드러내지만, 교회는 높은 자가 낮은 자를 섬기는 곳이다. 그 이유는 예수님께서 낮고 비천한 사람들을 위해 오셨고 그런 우리를 섬기셨기 때문이다. 교회는 예수 그리스도께서 머리가 되시고 예수 그리스도를 주님으로 믿는 사람들이 자기 십자가를 지고 예수님을 따르는 공동체이다.

교회 안에는 목회자와 믿음의 성도들이 있으므로 스스로 해결하기 어려운 영적 문제가 있다면 기도를 통해 함께 해결해 나갈 수 있다. 삼겹줄처럼 쉽게 끊어지지 않는 교회 공동체가 탈북민들의 믿음의 울타리가 되어야 한다.

믿음의 울타리가 되기 위해 관계 사역을 통해 주일예배, 친교 나눔, 일대일 제자 양육, 심방, 수련회 등 기독교 문화와 그 세계로 초청해야 한다. 그 안에서 꾸준한 돌봄과 사랑으로 교육, 진로, 취업 등 다양한 문제를 함께 고민하고 기도하며 경제적 지원이 필요하다면 함께 뜻을 모아서 오른손이 하는 것을 왼손이 모르게 하나님 앞에서 도와야 한다.

진정한 탈북민 성도들이 교회의 임원이 되고 머리 되시는 예수 그리스도 안에서 각 지체로서 주님의 몸 된 교회를 이루어 갈 때 이단이 교묘하게 포교 활동을 할지라도 역으로 이단에게 복음을 전하는 믿음의 사도가 될 것이다.

4장. 한국교회 내 탈북민 예배 공동체

1) 한국교회 내 탈북민 예배 공동체가 필요한가?

한국교회는 분단이래 지금까지 '복음통일'을 위해 기도해왔다. 하나님께서 그 기도를 응답하셔서 어둠의 땅 북한에 있는 주민들을 대한민국으로 보내 주셨다. 그들에게 복음을 전하고 예수 그리스도 안에서 하나가 되도록 하셨다.

이제 복음통일을 위해 한국교회 성도들과 탈북민들이 예수 그리스도의 사랑 안에서 서로의 다름을 인정하고 용서하고 사랑하며 하나님의 형상을 닮아가는 존재가 되어야 한다. 이를 위해 한국교회는 탈북민 예배부서를 둘 필요가 있다.

탈북민 예배부서는 훈련의 장이자 교회 안에서 탈북민들이 한국교회에 잘 적응할 수 있도록 돕는 역할을 한다. 한국 성도들은 탈북민에 대한 이해를 바탕으로 선교의 대상자로 접근해야 한다.

2) 한국교회는 북한의 종교 집단과 차별화를 두어야 한다.

탈북민들이 한국교회에 처음 나오면 북한의 집단생활과 다르지 않은 분위기 때문에 거부감을 느끼기 쉽다. 북한을 싫어해서 탈북했는데 한국에 와서도 또 다른 집단생활과 강제적인 압박을 받는다면 교회의 좋은 면을 보기 전에 교회를 등지기 쉽다.

윤현기는 "북한 주민의 세계관은 모든 것의 주관자이고 모든 것의 책임은 인간 스스로가 가져야 하는 주체사상에 기초하고 있으므로 철저히 인본주의적 세계관을 띠고 있으며 북한 주민들의 주체사상에 입각한 종교적 경험은 사회 자체가 주민들에게 형성하는 두려움을 가지고 어쩔 수 없이 공포를 느끼면서 가지게 되는 경험이 대부분"[89]이라고 강조했다. 이러한 집단주의적 공동체가 생활총화의 형태, 강제동원, 주입식 교육으로 북한과 유사하다고 판단될 때 탈북민들은 거부반응 알레르기를 일으킨다.

그러므로 한국교회는 북한과는 다른 기독교적인 가치관을 가지고 복음 안에서 살아가는 그리스도인들의 모습을 보여야 한다. 하나님의 사랑으로 탈북민을 사랑하고 긍휼히 여기는 마음으로 먼저 친구가 되어야 한다. 이를 위해서는 한국교회가 먼저 탈북민 선교를 위해 철저히 준비해야 한다.

한국교회 성도들은 탈북민들과 관계를 쌓을수록 그들의 내면을 이해하기 어려워한다. 겉만 알고 사람을 다 안다고 하면 큰 오산이다. 그만큼 탈북민 선교를 하면 할수록 지속적인 관계를 쌓아 가기가 쉽지 않고 언제 핸드폰을 끄고 잠적할지 모르기 때문이다. 탈북민들은 무심코 한 농담에도 심각한 반응을 보일 수도 있고 좋은 관계를 맺고 있다가도 어떻게 돌발할지 모른다. 이유는 과거에 받은 상처로 인해 드러나는 트라우마로 해석될 때가 많다. 이러한 어려움으로 인해 탈북민을 섬기던 한국 성도들은 상처받고 탈북민 선교를 포기하는 경우도 있다. 남북 간 제일 어려운 것은 의사소통에서 오는 오해였다.

한국교회는 한국 성도들처럼 탈북민을 동일하게 생각하고 접근해서는 안 된다. 서로 다른 점에 대해서 끊임없이 배우고 상대의 관점에서 이해하고 생각하고 말하고 행동하는 것이 중요하다. 또한 탈북민 한 영혼을 귀하게 볼 수 있는 마음과 눈이 정말 필요하다. 눈앞에 보이는 탈북민 한 명에게 복음을 전하고 복음 안에서 함께 살아내는 것이 더 중요하다. 한 사람을 제대로 양육하여 동역자로 세워가야 한다. 그 한 사람이 또 다른 사람에게 복음을 전하고 함께 사역할 수 있다.

그동안 한국교회는 탈북민들에게 경제적 지원을 명목으로 교회로 불러 모았다. 일부 목사들은 대놓고 교회에서 돈을 줄 테니 교회에 나올 수 있는 친구들을 소개해 달라고 했다. 심지어 탈북민교회들도 한국교회로부터 지원금을 받기 때문에 한국교회와 함께 예배를 드리는 주일이면 일일이 전화를 돌려 예배 참석[90]을 독려했다.

그렇게 해서라도 탈북민들이 복음을 듣고 변화가 되면 감사한 일이지만 돈을 줄 때만 교회를 나가고 돈을 주지 않으면 교회를 떠났다. 일부 소수의 교회일지라도 탈북민 사회에 돈을 주는 교회 명단 리스트들이 공유되면서 돈을 좇아 교회 아르바이트를 여러 탕 하는 친구들도 있었다. 어떤 탈북민들은 구제 대상으로 취급받는 것이 싫어서 탈북민 신분을 숨긴

채 조용히 신앙생활 하는 경우도 봤다. 건강한 교회 공동체를 만나지 못하고 신앙생활을 하게 되었을 때 가나안성도[91])가 되는 경우들도 있다.

 탈북민 선교에 대한 진단을 통해 우리 교회 공동체의 모습은 어떤가? 탈북민 선교를 시작하려는 분들에게는 생소한 내용일 수도 있지만 한국교회 내 탈북민 예배부서를 두고 있는 교회들은 이미 경험했거나 현재도 겪고 있는 일들일 것이다. 남과 북이 함께 하는 예배 공동체를 어떻게 세워갈 수 있을까? 그 대안을 함께 찾아보고자 한다.

3) 한국교회 내 예배 사역

 탈북민들은 교회에 처음 나오게 되었을 때 찬양을 통해 은혜를 받는다. 대다수 탈북민이 필자에게 말씀에 대한 기대보다는 어떤 찬양을 부를지가 기대된다고 했다. 탈북민들과 함께 부를 찬양은 될 수 있으면 쉽고 대중적으로 알려진 곡이어야 한다. 또한 주일설교 말씀을 가지고 한 주를 살아내기 때문에 말씀 한 구절이라도 잘 이해하고 살아갈 수 있도록 해야 한다.

 탈북민들에게 주일성수를 강조하는 것도 중요하지만 대학생들일 경우에는 중간고사, 기말고사 기간에 학업 이유로 교회에 나오지 않았다고 할지라도 이해해 주어야 한다. 신앙이 자리 잡기까지는 오랜 시간이 걸린다. 탈북 대학생들이 한국

대학교에 입학하는 조건은 재외국민 전형이나 탈북민 전형이다. 기초적인 공부가 부족하므로 대학교에 들어가서도 학업을 따라가기 힘들어한다. 대학생들 간에 치열한 경쟁을 통해 시험을 치르고 학점을 받고 졸업한다. 학업을 따라가지 못하는 친구들은 중도 자퇴하는 경우가 많다. 따라서 중간고사, 기말고사, 졸업시험 등등의 시험을 치른 탈북 대학생들을 찾아가거나 교회로 나왔을 때 함께 기뻐하고 축하해 주어야 한다.

예배는 하나님을 만나는 것이고 하나님을 만나기 위해 교회에 나와 예배드리는 것을 확실하게 가르치는 것이다. 또한 하나님께서 먼저 사랑하셨기에 우리가 그를 사랑하는 것이고 그가 우리에게 생명과 물질을 주셨기 때문에 우리가 하나님께 드릴 수 있기에 예배는 하나님께 드리는 것임을 분명하게 가르칠 때 탈북민들도 하나님께서 자신에게 주신 생명과 물질을 감사함으로 드릴 수 있다. 교회에 돈을 보고 나왔다고 할지라도 하나님을 깊이 만날 수 있도록 옆에서 함께 도와야 한다.

탈북민 한 사람이 교회에 나왔다면 교회로 인도한 사람을 통해 소통하고 교회에 잘 정착하도록 도와야 한다. 또한 새 가족 담당자와 담당 교역자가 함께 식사 자리를 마련하여 교제를 통해 관계를 맺어 가는 것도 중요하다.

4) 한국교회 내 교제 사역

탈북민들이 대한민국에서 겪는 어려움은 무엇보다도 '심리적 외로움'이다. 예배만 참석하고 귀가를 원하는 사람은 자유롭게 하되 5~7명 이내의 소그룹으로 나누어 함께 교제하고, 교회 문화를 함께 배워갈 수 있는 작은 교회 공동체로 발전시켜 나가는 것이 중요하다. 집에 가면 아무도 없고 혼자 식사해야 하기에 교회에서 성도님들과 함께 식사 교제를 통해 마음을 나누는 것이 중요하다.

탈북민 사역에서 식사 교제는 매우 중요하다. 잦은 만남과 교제를 통해 학교, 회사 등 사회생활에서 겪는 어려움을 듣고 스스로 해결할 수 없는 문제들도 함께 기도하면서 도울 수 있다. 기쁨은 나누면 배가 되고 어려움을 나누면 하나님께서 합력하여 선을 이루어 가는 것들을 통해 하나님의 인도하심을 경험할 수 있다. 오히려 심리적 외로움의 자리에 주님으로 채워진다면 하나님 나라의 평안과 기쁨과 자유를 경험하게 된다. 교회 공동체에서 하나님 나라를 경험하는 것이 중요하다.

테오 순더마이어는 선교 사역을 할 때 어느 한쪽이 일방적으로 도움을 주고 다른 한쪽이 도움을 받는 '타자를 위한 교회'가 아니라 콘비벤츠(Konvivenz)란 이름을 빌려 서로 돕고, 배우고, 나누는 '배움의 공동체', '나눔의 공동체', '잔치 공동체'의 교회를 강조하였다.

주일에 교회 안에서 소그룹 모임을 하는 것도 중요하지만 집, 학교, 회사 근처 등 탈북민이 머무는 근처에서 함께 식사하고 교제하는 것도 중요하다. 사람마다 차이가 있고 상황에 따라 다르겠지만 꾸준히 모이기를 힘써야 한다. 필자는 탈북민들의 집에도 찾아가고 집에 갔다가 탈북민들이 자주 가는 식당에 가서 식사하며 교제를 나눈다. 집에 갈 때는 미리 전화해서 필요한 것을 사 가기도 하고 휴지, 쌀, 과일을 사 갈 때가 있다. 자주 관계를 갖고 만나야 한다.

5) 한국교회 내 복지사역

① 복음이 복지보다 우선이 되어야 한다.

교회는 복지기관이 아니다. 그럼에도 국가나 비영리 단체들이 할 수 없는 일을 하기도 한다. 이유는 "이웃을 사랑하라"는 하나님의 말씀에 순종해서이다. 그래서 어려운 이웃을 돕다 보면 교회가 구제기관으로 오해를 받기도 한다. 마찬가지로 탈북민들에게도 교회의 복지가 복음보다 우선시 될 때가 있다. 어려운 탈북민들에게 경제적 도움을 주다 보니 교회가 구제기관으로 인식하게 된 것이다. 이러한 인식이 탈북민 사회에 자리하면서 교회에 가는 사람들은 돈을 받으러 가는 사람들로 오해를 불러일으킨다. 한국교회도 이러한 문제점들을 인식하고 돈을 주지 않으려고 노력하지만 쉽지 않다.

교회가 돈으로 탈북민을 모으려고 하는 것은 문제가 되지만 이미 교회에 나온 탈북민 중에 어려운 사람들을 돕지 않은 것도 문제가 된다. 다만 탈북민을 물질만이 아닌 말씀으로 양육하여 하나님의 사람으로 세워가는 것에 중점을 두어야 한다.

② 복지사역을 하되 기준이 필요하다.

교회 내 탈북민 선교는 '복지사역'이 필요하다. 탈북민들의 대상에 따라 복지적 접근은 다를 수 있다. 대학 준비생, 대학생, 취준생, 한부모, 다자녀, 회사원 등 다양한 상황의 탈북민을 위해 교회마다 가이드가 필요하다. 기준을 만들지 않으면 형평성에 어긋날 수 있고 나중에 문제가 생길 수 있기 때문이다.

학업을 위한 대학생이나 대학원생들에게는 장학금이나 등록금의 명목으로 도울 수 있고, 한부모나 다자녀를 둔 탈북민 가족들에게는 자녀 교육지원 명목으로 지원을 할 수 있다. 취준생들에게는 취업하기 전까지 경제적 지원뿐만 아니라 취업에 관련이 있는 사람들을 연결해 주는 등 실질적인 도움을 줄 수도 있을 것이다.

모든 탈북민에게 경제적 지원을 하는 것은 지양해야 한다. 또한 예배에 출석하는 조건으로 경제적 지원을 하는 것은 금지해야 한다. 교회에 출석하지 않았다고 하더라도 관계를 위해서 1년의 시간을 두고 결정해야 한다. 1년이 지나도 교회에 나올 수 있고 물질보다 먼저 사랑이 선행되는 방법에 초점을 두어야 한다. 따라서 교회가 탈북민 중에 어려운 사람들이 있다면 경제적 지원 대상자를 늘려서 도울 필요가 있다. 예배에 나오지 않는 대상들에 한하여서는 탈북민들의 관계 안에서 독려하고 예배가 부담되는 탈북 친구들에게는 수련회나 비젼트립과 같은 문화 체험을 통해 자연스럽게 함께 할 수 있는 공간을 마련해야 한다.

예배에 함께하는 탈북민들에게는 생일, 결혼, 돌, 장례, 졸업, 입원 등 경조사를 통해 영적 가족으로 함께 하는 것이 중요하다. 북에 가족을 두고 온 탈북민들은 생일날에도 외로운 시간을 보낸다. 결혼식, 장례, 돌에도 부모나 가족, 친척이 없어서 비어있는 경우도 많이 있다. 몸이 아파서 병원에 입원해야 할 때도 보호자가 없어서 입원을 못 하는 탈북민들도 있었고, 병문안도 오는 사람이 없어서 외로운 시간을 보내는 경우도 많이 봤다. 무엇보다 이때 찾아가서 함께 식사하고 기도해 주는 사역은 복음으로 살아낼 엄청난 기회가 된다.

탈북민들은 북한에서 영양부족의 영향으로 한국에 와서도 크고 작은 질병을 앓고 있다. 병원에 대한 정보나 지식의 부족으로 병원비가 비싸다고 인식해 아파도 참고 견디는 경우가 많다. 결국 병을 키워서 병원에 갈 때는 이미 늦어버린 경우가 많다. 보험에 가입되어 있으면 다행이지만 보험에 가입되어 있지 않으면 엄청난 병원비가 발생한다. 돈도 문제지만 복합 병으로 결국 손 쓸 수 없는 상황에까지 이르러 마지막 시간을 손 놓고 보내야만 하는 일도 있다. 사전에 도왔더라면 한 생명을 살릴 수 있었을 것이다. 지금도 필자 주변에는 손 놓고 지켜보며 기도만 하는 탈북민들이 여럿 있다.

탈북민들에게 필요한 것은 복음, 즉 예수 그리스도이다.

구제는 구제로 끝나고 복음은 복음으로 끝난다. 다만 구제 사역을 통해 하나님의 사랑을 전할 수 있는 복음의 통로가 될 수 있고 구원받는 자를 더할 수 있다면 그 구제는 하나님께서 기뻐하시는 사역이 될 것이다. 하나님께서 우리에게 베푸신 은혜들을 탈북민들에게 베풀 수 있어야 한다.

6) 한국교회 내 양육 사역

"탈북민들은 변화되지 않는다", "탈북민들은 감사하지 않는다", "주체사상으로 물든 탈북민들에게 어떻게 말씀 양육을 해야 하나요?" 등의 말을 들었다. 빛은 어두움을 내어 쫓는다. 예수 그리스도의 빛으로 어두움이 떠나간다. 우리는 빛 되시는 예수 그리스도의 복음을 탈북민에게 전하고 가르쳐야 한다. 악의 사슬에서 끊을 방법은 오직 복음밖에 없기 때문이다.

"사람이 떡으로만 살 것이 아니요 하나님의 입으로부터 나오는 모든 말씀으로 살 것이라"[92] 탈북민들에게 무엇보다 필요한 것은 빵이 아니라 하나님의 말씀인 복음이다. 그들이 복음을 듣고 예수 그리스도를 믿을 때 "오직 의인은 믿음으로 말미암아 살리라"[93]는 말씀처럼 듣는 자는 살아날 것이다. 따라서 전하고 가르치는 양육자는 사도바울처럼 "내가 복음을 부끄러워하지 아니하노니 이 복음은 모든 믿는 자에게 구원을 주시는 하나님의 능력"[94]이다. 복음을 왜 부끄러워하겠는가? 담대하게 전파하고 가르쳐야 한다.

바울은 디모데에게 "너는 말씀을 전파하라 때를 얻든지 못 얻든지 항상 힘쓰라 범사에 오래 참음과 가르침으로 경책하며 경계하며 권하라"[95] 때를 얻든지 못 얻든지 말씀을 전하고 오래 참음으로 가르쳐야 한다.

사람의 말은 사람을 변화시키지 못한다. 그러나 하나님의 말씀은 사람을 변화시킨다. "모든 성경은 하나님의 감동으로 된 것으로 교훈과 책망과 바르게 함과 의로 교육하기에 유익하니 이는 하나님의 사람으로 온전하게 하며 모든 선한 일을 행할 능력을 갖추게 하려 함이라"[96] 하나님의 말씀이 하나님의 사람으로 온전하게 할 수 있는 이유는 말씀이 하나님이시고 말씀이 예수 그리스도이기 때문이다. "말씀이 육신이 되어 우리 가운데 거하시매 우리가 그의 영광을 보니 아버지의 독생자의 영광이요 은혜와 진리가 충만하더라"[97] 예수 그리스도가 우리의 주인이 될 때 하나님께서 우리의 삶을 통치하시고 다스리신다. 그러므로 하나님의 나라는 우리 마음에 있다. 예수 그리스도께서 계시기 때문이다. 그때 우리는 예수 그리스도 안에서 하나님의 형상으로 닮아간다.

말씀 양육을 통해 양육자가 먼저 거듭나고 변화되어야 한다. 성령 안에서 날마다 새로워져야 하고 말과 행동이 한결같아야 한다. 말과 삶으로 예수님의 사랑을 나타내 보여 줄 때 영적 멘토로서 다른 이들을 양육할 수 있다. 먼저 거듭나지 않았는데 교사가 되는 것은 소경이 소경을 인도하는 것과 같다. 그래서 포기하기보다는 하나님 앞에서 부족함을 깨달고 성령의 인도함을 받기를 기도해야 한다. 그리고 낮은 자의 자리에서 섬김의 본을 보여야 한다. 양육자가 가르칠 자격이 되어 가르치는 것이 아니라 자기를 부인하고 하나님을 드러내는 통로가 될 때 하나님께서 그를 사용하신다. 그래서 우리 모두를 사역자로 부르셔서 주님의 몸 된 교회를 이루어 가도록 역사하신다. 우리의 머리 됨은 오직 예수 그리스도이기 때문이다. 우리는 머리 되시는 예수 그리스도 안에서 서로 지체로서 연결되어 교회가 된다. 이것이 진정한 하나님의 공의와 정의가 다스리시는 하나님의 나라이다.

"내 아들아 그러므로 너는 그리스도 예수 안에 있는 은혜 가운데서 강하고 또 네가 많은 증인 앞에서 내게 들은 바를 충성된 사람들에게 부탁하라 그들이 또 다른 사람들을 가르칠 수 있으리라"[98] 양육자는 예수 그리스도 안에서 강하고 담대해야 한다. 주님이 함께하시기 때문이다. 그리고 예수님께서 우리에게 부탁하신 말씀을 가르쳐야 한다. 때로는 한 영혼을 붙잡고 1년에서 10년 이상 걸릴지 모르지만 전하고 가르치는 것은 인간의 영역이 아니라 하나님의 영역이기 때문이다. 강제로 가르치기보다는 인격적 관계 안에서 성령의 인도함을 따르며 중보기도로 하나님께 올려 드리는 것이 중요하다.

때가 되면 "예수제자"와 같은 양육 교재를 참조하여 말씀 안에서 함께 하나님의 자녀 됨으로 훈련받는 것이다. "아무든지 나를 따라오려거든 자기를 부인하고 날마다 제 십자가를 지고 나를 따를 것이니라"[99] 우리는 날마다 자기를 부인하고 날마다 자기 십자가를 지고 날마다 예수님을 따르는 훈련을 해야 한다. 내 안에 내가 사는 것이 아니라 예수 그리스도께서 사실 때 우리는 그의 자녀로서 세상을 이길 수 있다. "내가 그리스도와 함께 십자가에 못 박혔나니 그런즉 이제는 내가 사는 것이 아니요 오직 내 안에 그리스도께서 사시는 것이라 이제 내가 육체 가운데 사는 것은 나를 사랑하사 나를 위하여 자기 자신을 버리신 하나님의 아들을 믿는 믿음 안에서 사는 것이라"[100]

말씀 양육을 통해 기독교 가치관의 변화가 일어나고 구원의 확신과 부활의 신앙을 가지고 땅끝까지 선교적 삶을 함께 살아가야 한다. 개인의 구원을 넘어 민족 복음화와 열방을 향한 하나님의 영광이 "물이 바다를 덮음 같이 여호와의 영광을 인정하는 것이 세상에 가득"[101]하도록 전하고, 선포하고, 기도하고, 가르쳐야 한다. 예수 그리스도의 영광으로 충만하도록 하나님의 나라를 확장해야 한다.

7) 한국교회 내 전도사역

전도와 선교는 예수님께서 제자들에게 하신 지상명령이다. "하늘과 땅의 모든 권세를 내게 주셨으니 그러므로 너희는 가서 모든 민족을 제자로 삼아 아버지와 아들과 성령의 이름으로 세례를 베풀고 내가 너희에게 분부한 모든 것을 가르쳐 지키게 하라 볼지어다 내가 세상 끝날까지 너희와 항상 함께 있으리라"[102] 예수 그리스도를 구주로 믿고 따르는 그의 제자들이라면 반드시 그의 말씀에 복종해야 한다. 가라! 모든 민족을 제자로 삼아라! 아버지와 아들과 성령의 이름으로 세례를 베풀어라!

그리스도인들이 짊어져야 할 십자가이다. 주님께서 지셨기 때문이다. 그 십자가를 지고 생명을 살려야 한다. 지금도 독재의 정권 아래 묶여 있는 북한 주민들이 구원의 손길을 기다리고 있다. 맘몬 앞에 노예로 살아가는 한반도와 열방에 복음을 전해야 할 사명이 우리에게 있다. 그 일들을 위해 탈북민을 보내셨다. 그들에게 예수 그리스도 안에서 분명한 복음을 전하고 가르쳐야 한다.

"예수 천당! 불신 지옥!" 확성기로 외치는 전도 방법보다는 관계적 전도 방법으로 복음을 전하는 것이 중요하다. 관계 전도법은 새 가족 초청 예배로 크리스마스나 부활절 수련회 등의 특별한 이벤트 예배를 통해 교회에 처음 나오거나 믿지 않는 사람들을 배려하여 구성한 예배로 이들에게 주님의 이름으로 축복하고 환대하는 것을 통해 예배를 파티형식으로 함께 하는 것이다. 명절 같은 날 함께 만두를 빚거나 서로 각자 음식 하나씩 가지고 와서 서로 먹고 교제를 나눔으로 서로를 알아가고 함께 하는 시간을 갖는 것이다. 이러한 시간을 통해 사랑을 나누고 교회로 초청하는 것이다.

한 사람을 제대로 섬기기 위해서는 친구와 가족이 되어 환대해야 한다. 처음에 탈북민 한 사람에게 복음을 전하기가 어려울 수 있지만 계속 만나고 복음을 전하다 보면 전도는 정말 쉽다. 왜일까? 내가 하는 것이 아니라 성령 하나님이 도우시기 때문이다.

끊임없이 사랑을 심고 뿌리다 보면 하나님께서 그 열매를 반드시 거두실 것이다. 열매는 하나님께서 맺으시기 때문이다. 다만 우리는 한 알의 밀알이 되는 것뿐이다. "한 알의 밀이 땅에 떨어져 죽지 아니하면 한 알 그대로 있고 죽으면 많은 열매를 맺느니라"[103] 심지 않은 곳에서 열매를 맺을 수 없다. 누군가는 "눈물을 흘리며 씨를 뿌리는 자는 기쁨으로 거두리로다 울며 씨를 뿌리러 나가는 자는 반드시 기쁨으로 그 곡식 단을 가지고 돌아오리로다"[104] 기쁨의 곡식단은 눈물의 씨가 전제되었기에 가능하다. 오늘 구원이 우리에게 임한 사건은 누군가의 눈물의 기도와 눈물의 십자가 사랑이 있었기에 가능했다. 구원은 엄청난 대가를 지불하신 하나님의 사랑이었다. 이제 우리가 그 십자가를 지고 씨를 뿌리고 눈물을 흘릴 시간이다.

5장. 한국교회 내 통일선교

1) 코로나19 이후 사역의 방향성

한국교회 내 북한선교는 먼저 복음의 본질을 회복해야 한다. "여호와의 말씀에 너희는 이제라도 금식하고 울며 애통하고 마음을 다하여 내게로 돌아오라 하셨나니 너희는 옷을 찢지 말고 마음을 찢고 너희 하나님 여호와께로 돌아올지어다 그는 은혜로우시며 자비로우시며 노하기를 더디하시며 인애가 크시사 뜻을 돌이켜 재앙을 내리지 아니하시나니"[105] 이 말씀은 남왕국 유다의 8대 왕 요아스가 우상숭배에 빠지자 하나님께서 예언자 요엘을 통해 주신 말씀이다.

성경에서 재난이 닥칠 때면 이유가 있었다. 하나님께로 돌아오라는 메시지였다. 코로나19는 모여서 공예배를 드리기 어렵게 만들었지만 골방으로 들어가 하나님께 기도하게 하며 영적 각성을 일깨웠다. 코로나19 이후의 시대에도 종말을 예고하는 수많은 재난이 있게 될 것이다. 그러나 사도바울의 고백과 같이 "이 모든 일에 우리를 사랑하시는 이로 말미암아 우리가 넉넉히 이기느니라"[106]

한국교회는 유례없는 부흥과 성장을 가져왔다. 또한 전 세계에서 선교사를 두 번째로 많이 파송한 나라이기도 하다. 이것은 하나님의 놀라운 은혜이다. 해외에 있는 선교사들이 한국선교에 부르심을 받아 순종한 결과의 열매이기도 하다.

그들에게 배울 수 있는 것은 복음의 상황화이다. 즉 선교사 중심이 아니라 선교지 중심의 사역을 했고 앉아서 보고 받는 사역이 아니라 현장을 찾아가서 함께 하는 사역을 했다. 말보다는 삶으로 하나님의 사랑을 실천했고 물질이 먼저가 아니라 관계가 먼저 되는 사역, 양보다는 질, 성장보다는 성숙을 이루는 사역을 했다.

북한선교도 그때의 정신을 본받아야 한다. 탈북민들의 가정, 일터, 교회가 바로 선교지이다. 이 땅에서 탈북민을 대상으로 북한선교를 잘하면 북한의 문이 열렸을 때도 그곳으로 올라가서 사역을 잘할 수 있다. 그러나 이 땅에서 제대로 못 하는데 그곳에서 잘할 수 있을까?

북한 인권과 통일도 중요하지만 교회가 먼저 해야 할 일은 선교이다. 선교에 총력을 기울여야 한다. 복음이 들어가야 그곳에 인권이 있고 통일이 이루어진다. 예수 그리스도만이 북한의 유일한 소망이다.

2) 교회 내 통일선교 사역

첫째. 중보기도팀

"구하라 그리하면 너희에게 주실 것이요 찾으라 그리하면 찾아낼 것이요 문을 두드리라 그리하면 너희에게 열릴 것이니 구하는 이마다 받을 것이요 찾는 이는 찾아낼 것이요 두

드리는 이에게 열릴 것이니라"[107]

　통일선교부, 북한선교부, 북방선교부 등의 부서를 두는 교회도 있고, 제직부서에서 한반도 기도회 북한선교 기도회와 같은 명칭으로 오래전부터 북한선교를 위해 기도해 온 교회도 있다. 이제 막 북한선교에 관심을 가지는 교회들은 무엇부터 시작해야 할지 잘 모를 수 있다. 그런 교회들에게 추천할 수 있는 것은 북한선교를 위한 중보기도팀을 구성하여 기도하는 것이다. 하나님께서 교회의 목회자들과 성도들에게 북한을 향한 하나님의 마음을 부어 주셔서 하나님께서 보내신 탈북민들과 북한선교에 영적 눈을 뜨는 것이다.

　미소 군비경쟁이 치열했던 1980년대 초반부터 동독의 니콜라이교회에서는 매주 월요일 오후 5시 평화를 위한 기도회가 열렸다. 베를린 장벽의 붕괴는 이러한 기도의 힘으로 이루어졌다고 해도 과언이 아니다. 북한선교도 마찬가지이다. 북한의 어둠의 영은 예수 그리스도의 이름으로 무릎을 꿇을 것이며 북한의 김일성 우상도 예수 그리스도의 이름으로 무릎을 꿇을 것이다.

　기도는 북한을 향한 하나님의 뜻을 깨닫고 하나님께서 이루시는 역사를 볼 수 있다. 어떤 사역이든 혼자서는 어렵지만 함께 하면 큰 힘을 얻는다. "한 사람이면 패하겠거니와 두 사람이면 맞설 수 있나니 세 겹 줄은 쉽게 끊어지지 아니하느니라."[108] 그러므로 중보기도자들과 선교의 동역자들을 찾고 함께하는 것이 중요하다.

둘째. 통일선교학교

국내의 많은 교회에서 북한선교에 관심이 높아지면서 '통일선교학교', '북한선교학교' 등의 이름으로 북한 사역자와 강사들을 초청하여 세미나를 개최하는 경우가 늘고 있다. 이러한 세미나는 교회 또는 선교회와 협력하여 진행하는 경우도 있다. 세미나의 강좌는 짧게는 5강에서 길게는 12강으로 나누어 진행되며 북한을 하나님의 관점에서 바라보는 것부터 북한 주민들의 삶, 지하교회, 다음세대 사역, 기도 사역, 탈북민 사역, 북한선교의 부르심과 사명까지 다양한 주제로 구성된다.

통일선교학교를 통해 북한의 현실과 실천 방법들을 배울 수 있다. 또한 선교 현장에 대한 폭넓은 이해와 훈련을 통해 북한선교를 위한 구체적인 준비를 할 수 있다. 통일선교 학교는 이론 교육뿐만 아니라 북·중 접경 지역 탐방, DMZ 탐방, 탈북민교회 탐방 등 현장 경험을 통해 북한에 대한 이해를 넓히고 북한선교에 대한 열정을 고취하는 데에도 중점을 둔다. 이러한 교육과 만남을 통해 북한선교의 지경이 넓혀지고 구체적인 기도를 통해 사역의 장도 열리게 될 것이다.

셋째. 남북 통합 예배

한국교회 내에 탈북민 성도가 있으면 '통일선교를 위한 기도 모임'을 발족하여 함께 기도회를 시작할 수 있다. 이후 교회 내 예배를 함께 드리거나 또는 예배부를 발족시킬 수도 있다. 이러한 사역은 교회 목회자나 당회의 승인을 받아야 가능한 것이지만 중보기도팀이 탈북민 선교에 헌신한다면 어려움은 없다. 하나님께서 기뻐하시는 사역이라면 언젠가는 하나님께서 열어 주실 것이다.

굳이 탈북민 예배부를 만들어야 할까요? 같은 언어를 사용해도 서로 다른 체제와 그에 따른 언어와 문화를 사용했기 때문에 탈북민은 다문화에 속한다. 따라서 차별화의 목적이 아니라 배려의 차원에서 남북 통합 예배를 드리는 것이 바람직하다.

교회 내에 남과 북이 함께 예배를 드릴 수도 있지만 그것은 어디까지나 교회에 탈북민 성도가 있을 경우이다. 탈북민 성도가 없는 경우에는 탈북민 예배 팀을 만들어 팀 사역으로 교회 지역 근처에 있는 탈북민교회에 찾아가 매 주일은 아니어도 한 달에 한 번 정도 함께 예배드리는 것도 중요하다. 또한 탈북민 가정에 찾아가서 예배를 드리는 것도 하나의 방법일 수 있다. 그러나 가정 방문은 깊은 관계가 쌓였을 때 가능하다.

넷째. 북한교회 세우기 준비

한국교회가 궁극적으로 추구해야 할 북한선교는 북한에 교회를 세우는 것이다. 한국교회는 북한교회에 큰 빚을 졌다. 해방 이후 북한교회가 피난을 내려와 한국교회에 영적 부흥의 영향을 주었다. 제주교회도 이기풍 선교사님 선교의 발자취가 있듯이 영락교회 한경직 목사님과 같은 분들의 영향력은 한국교회의 역사가 되었다.

그러나 현재 북한교회는 빛을 잃었다. 독재자의 억압 아래 자유를 박탈당했다. 하나님은 반드시 북한에 복음의 문을 열어 주실 것이다. 그때 한국교회는 북한에 들어가 무엇을 할 것인가? 교회를 세우고 복음을 전할 것이다. 그 사역을 위해 지금부터 하나님께서 보내신 탈북민들과 함께 구체적인 교회 세우기 사역을 준비할 수 있다. 북한교회를 세우기 위해 사람을 준비시키고 재정을 준비하고 북한 도시연구를 통해 북한교회를 세울 거점을 준비하고 그에 필요한 사역자들을 양성할 수 있다.

한국에 있는 5만 개의 교회가 각각 하나씩만 가지치기한다면 북한에 5만 개의 교회가 생기는 것이다. 5분의 1로 줄여도 만개의 교회가 생기게 된다. 그러나 각 교회가 북한교회 세우는 것을 준비하지 않는다면 그것은 다른 이야기가 될 수 있다. 각 교회는 북한에 어느 지역에 교회를 세울 것인지에 대한 도시연구와 사람을 어떻게 세우고 준비할지에 대한 구체적인 계획과 기도가 필요하다.

Part 4
탈북민 사역

1장. 중국 내 탈북민 사역

중국 내 탈북민은 15만 명에서 30만 명으로 추정된다. 선교사들은 중국에서 비법월경하여 사는 탈북민들을 도왔다. 다수의 탈북민은 중국에서 강제로 팔려가 강제결혼을 당하였고 열악한 환경에서 살고 있다. 이들 중에 일부 탈북민들은 선교사들을 만나 복음을 접하고 선교사들과 함께 중국 내 탈북민들을 돕는 사역을 감당하고 있다. 이들은 탈북민들의 아픔과 삶을 이해하고 공감하고 섬길 수 있는 사람들이다.

중국 내 탈북민 성도들을 선별하여 집중 훈련을 통해 사역자들로 세워야 한다. 또한 국내에 있는 탈북민 사역자들과 연대하여 중국 내 탈북민들의 안전과 생활 지원을 통해 복음을 전하고 양육해야 한다. 이 사역을 위해 중국에 있는 조선족 사역자들과 한족 사역자들과 지속해서 연대하여 협력해야 한다.

중국 남성과 탈북 여성 사이에서 태어난 탈북 2세[109]들에게도 관심을 가져야 한다. 탈북 2세들은 한국에만 1,500명 이상[110] 가까이 있고 중국에는 10만 명 이상이 있는 것으로 추정된다. 필자도 선교회를 통해 10년 가까이 탈북 2세들을 구제와 일대일 제자양육을 하고 있다. 복음으로 변화되어 북한 선교사가 되겠다는 한 탈북 2세의 고백은 제2의 모세와 같이 훈련되어 민족을 살리는 지도자가 될 수 있을 것이다.

모세는 애굽에서 태어나 이스라엘 민족을 출애굽시키는

영적 지도자로 훈련받았다. 마찬가지로 탈북 2세들도 중국에서 태어나 중국인 아버지와 탈북 여성인 어머니 사이에서 중국과 북한을 아우르는 이중 삼중의 정체성을 갖고 있다. 이런 탈북 2세들이 복음을 받아들이고 하나님의 사람으로 준비된다면 하나님은 이들을 제2의 모세와 같이 사용하실 것이다. 이들은 이 땅과 북한과 중국과 열방을 향한 선교적 사명에 귀한 동역자가 될 것이다.

중국에 있는 탈북민과 탈북 2세는 북한선교를 위한 중요한 자원이다. 이 사역에 조선족 사역자들과 협력하여 사역해야 한다. 조선족 사역자들은 중국어와 한국어로 소통하면서 신앙으로 양육할 수 있다. 중국 내에 있는 탈북민들과 탈북 2세 사역을 위해 중국 조선족 사역자들과 선교적 지원으로 협력해야 한다.

이러한 협력을 통해 탈북민과 탈북 2세는 북한선교와 땅끝 선교를 위한 주역으로 성장할 수 있을 것이다.

2장. 탈북 청소년 사역

통일선교의 미래는 다음세대에게 있다. 한국교회도 다음세대 선교를 놓치면 다 놓치는 것처럼 북한선교도 마찬가지이다. 다음세대는 북한을 변화시킬 핵심 주체이다. 10대에 성령 받고 20대에 전문성을 준비해서 30대 40대에 예수 그리스도가 필요한 세상 속에서 빛과 소금으로 살아내도록 해야 한다. 우리는 그들의 미래를 위해 기도하고 양육하고 투자해야 한다.

다음세대를 위한 기독교 교육은 매우 중요하다. 한 살이라도 더 어릴 때부터 기독교 세계관을 가르치고 기독교 정체성을 분명하게 함으로써 그들이 세상 속에서 빛과 소금으로 살아갈 수 있도록 돕는 것이 필요하다. 신앙과 전문성을 가지고 선교사적 삶을 살 수 있도록 훈련시켜야 한다. 일과 영성을 가지고 머무는 곳곳마다 예수 그리스도의 사랑을 가지고 살리고 회복되는 하나님의 나라가 확장되어야 한다. 그러기 위해서는 다음세대에게 가르치고 훈련하는 사역에 집중해야 한다. 그러한 목적을 위해서는 먼저 탈북 청소년과 제3국 출생 탈북민들의 자녀를 이해하는 것이 중요하다.

1) 탈북 청소년과 제3국 출생 이해

첫째. 현황

탈북 청소년은 북한에서 태어나 부모와 함께 제3국을 거쳐 대한민국에 정착한 경우이다. 제3국 출생 탈북민 자녀는 탈북 여성이 중국이나 러시아 등 제3국에서 남편을 만나 그 사이에서 태어나 부모를 따라 대한민국에 정착한 경우이다.

탈북 학생들은 2022년 4월 기준(교육부 2022.04)으로 2,061명(북한출생 30.8%, 중국 등 제3국 출생 69.2%)이다. 탈북 청소년과 제3국 출생 탈북민 자녀를 10년 전과 비교하면 제3국 출생 탈북민 자녀의 수가 더 증가하고 있다. 북한출생에 비해 제3국 탈북민 자녀의 수가 69.2% 앞으로 더 증가할 것이다.

원인으로는 북한에서 중국으로 탈북하는 구출의 경로가 막히게 되자 탈북 청소년들이 현저히 줄어들었다. 한국에 먼저 온 탈북 여성들이 중국에 남겨둔 자녀들을 브로커 또는 중국에 들어가 직접 데리고 오는 경우가 늘어났다. 탈북 청소년들은 1997년에 제정된 북한이탈주민의 보호 및 정착지원에 관한 법률에 따라 보호 및 지원을 받는다. 그러나 제3국 출생 탈북민 자녀에게는 탈북 청소년들과 같은 법이 적용되지 않는다.

둘째. 탈북 청소년과 제3국 출생 청소년들의 어려움

 탈북 청소년들보다 제3국 출생 청소년들은 정체성에 대한 혼란이나 한국 사회 정착에 있어서 상대적으로 더 큰 어려움을 겪고 있다. 그중에서도 크게 정체성 혼란, 가정 돌봄 부재, 건강한 관계 부재를 예로 들 수 있다.

① 정체성 혼란
 탈북 청소년(제3국출생포함)들에게는 공통으로 정체성에 대한 혼란이 있다. 탈북 청소년들은 본인들의 의지와는 상관없이 '탈북'이라는 꼬리표가 따라다닌다. 꼬리표는 대한민국 사회의 집단으로부터 차별과 편견으로 '왕따'가 된다. 또한 불이익도 함께 따라온다. 이러한 이유는 이들에게 사회적 고립, 불안, 우울증, 자살로 이어질 수 있고 대인기피증, 대인공포증의 증상을 유발하기도 한다. 이의 결과로 사회성 부족, 사회 부적응자가 될 수 있다.
 '탈북'이라는 꼬리표를 떼는 방법은 소속된 집단을 속이는 것이다. 실제로 북한에서 왔다는 것을 속이며 학교에 다니거나 직장생활을 하거나 회사를 운영하는 CEO까지 정말 다양하다.

② 가정 돌봄 부재
 탈북 청소년(제3국 출생포함)들에게는 공통으로 가정 돌봄 부재가 있다. 제3국 출생의 경우, 탈북 여성이 중국 남성과

결혼하지만, 대부분의 결혼은 자유의지로 결혼한 것이 아니라 강제로 팔려 가서 결혼식이나 혼인신고 없이 동거한 경우이다. 그 부모에게서 태어난 자녀들은 제대로 된 사랑과 돌봄을 받지 못하고 살아가게 된다.

탈북 여성이 대한민국에 와서 재혼하여 자녀를 낳았을 때 그 사이에서 눈치껏 살아남아야 한다. 이혼과 재혼을 반복하면서 그 사이에서 살아가고 있다면 이들은 건강한 가정상에 대한 이해가 떨어질 뿐만 아니라 제대로 된 교육을 받으며 살아가기가 어렵다.

③ 건강한 관계 부재

탈북 청소년(제3국출생포함)들에게는 부모의 사랑 부재로 아이 어른이 되어 있는 경우를 보게 된다. 어른이 되어서도 어린아이로 사랑의 결핍을 보게 된다. '질풍노도'의 사춘기에 방황도 못 하고 살아가는 탈북 청소년들에게는 부모의 부재가 가장 큰 이유가 된다. 아버지와 어머니의 건강한 관계성을 보면서 아이들이 성장했을 때 건강한 관계를 맺을 수 있고 자신감을 가지고 건강한 인격으로 성장할 수 있다. 그러나 반대의 경우에는 자신감 저하 열등감, 폭력적이거나, 사회와의 관계 단절로 건강한 인간관계를 맺지 못할 수도 있다. 마치 럭비공처럼 어디로 튈지 모르는 불안 증세를 보이며 스스로 절제 능력을 상실하고 타인을 기피하고 문을 잠그고 게임중독에 빠질 수도 있다.

셋째. 대한민국 내 무국적자 제3국 출생 탈북민 자녀와 탈북민들의 사례

2015년 이후 제3국 출생 탈북민 자녀들도 부모의 유전자 검사를 통해 대한민국 국적은 취득할 수 있게 되었다. 그러나 부모의 유전자 검사를 할 수 없는 상황이거나 증명할 수 없다면 대한민국에서 무국적자로 살아야 한다. 대한민국에는 무국적자로 살아가는 제3국 출생 탈북민 자녀 포함 탈북민이 110명이 넘는다. 앞으로는 더 늘어날 전망이다.

무국적자로 살아가는 이들의 어려움은 이루 말할 수 없다. 이들이 무국적자가 된 이유는 정말 다양하다. 탈북 여성 즉 부모의 행방을 알 수 없거나 북한에서 태어났지만, 중국 화교와 결혼생활을 하면서 이중국적을 가지고 자유롭게 북·중 지역을 넘나들었을 경우 대한민국에 오면 대한민국 국적을 취득할 수 없다.

북한이탈주민 정착지원법에는 "북한이탈주민(탈북민)이란 북한에 주소와 직계가족, 배우자, 직장 등을 두고 있는 자로서, 북한을 벗어난 후 외국의 국적을 취득하지 아니한 자"로 명시하고 있다.

무국적자가 된 탈북 청년들은 대한민국에 머물거나 또는 탈조선 한다. 그러나 나이 든 어르신들은 다른 나라보다는 한국이 언어가 통하고 의료비용이 저렴하므로 대한민국에서 무국적자로 살아가고 있다. 그 이외에도 다양한 무국적자 탈북민들이 있다.

2) 탈북 청소년과 제3국 출생 청소년들을 어떻게 도울 수 있는가?

첫째. 하나님을 만나도록 도와야 한다.

 탈북 청소년, 제3국 출생 청소년들에게 필요한 것은 온전한 하나님의 사랑, 복음밖에는 없다. 하나님의 사랑을 통해 하나님의 자녀로서의 정체성을 가지고 하나님께서 주시는 분명한 비전을 가지고 살아갈 수 있다.
 탈북 청소년을 위한 사역은 단순히 물질적 지원에 그치지 않아야 한다. 더 나아가 삶으로 살아가면서 필요한 것들을 돕고 그들에게 복음을 전하고 예배의 자리로 초청하여 하나님을 깊이 만나도록 함께 중보하고 영적 가족이 되어 주는 것이 중요하다.

둘째. 자기 적성에 맞는 것을 교육하고 지원해야 한다.

 탈북 청소년들에게 신앙도 중요하지만 한국어, 영어, 컴퓨터 활용, 독서토론, 글쓰기, 진로 경험, 체험활동, 역사탐방 등의 교육을 통해 각자의 꿈이 무엇인지를 찾을 수 있도록 돕고, 그에 따른 자격증 및 경력을 쌓을 수 있도록 교육하고 지도해야 한다.
 한국교회는 탈북 청소년 대안학교나 방과후 학교와 연계를 맺어 자원봉사나 필요한 지원을 해야 한다. 함께 생활하면서 이들에게 필요한 것이 무엇인지를 파악하고 적극적으로 지원해야 한다.

셋째. 자녀와 부모를 신앙 안에서 건강한 가정이 되도록 도와야 한다.

부모와의 친밀한 관계를 맺도록 돕는 것이 중요하다. 이를 위해 부모와 자녀가 함께 참여하는 캠프를 조직하여 서로의 사랑을 확인하고 치유될 수 있는 시간을 갖도록 해야 한다. 캠프에서는 다양한 활동을 통해 부모와 자녀가 서로를 이해하고 소통할 기회를 제공해야 한다.

탈북 청소년들과 제3국 출생 자녀들에게 필요한 것은 사랑이다. 부모의 사랑을 통해 하나님의 사랑을 깨닫고 확인할 수 있지만 대부분 탈북 청소년과 제3국 출생 자녀들은 부모의 사랑이 부족하다. 대안학교 선생님이나 교회의 교회학교 선생님들이 지극정성으로 이들을 보살피고 함께 하고 돕는다는 것은 매우 귀중한 일이지만 부족하다고 여겨지는 부모의 사랑을 대체하기에는 역부족이다.

탈북 청소년과 제3국 출생 자녀를 위한 사역은 단순히 교육과 사랑을 제공하는 것에 그치지 말고 부모에게 복음을 전하고 양육하는 사역에도 집중해야 한다. 사랑은 내리사랑이기 때문이다. 부모가 하나님과의 관계 안에서 사랑을 경험할 때 부모와 자녀와의 관계에서도 하나님이 자신을 사랑한 것같이 서로 사랑하는 것을 확인할 수 있다.

넷째. 협력하여 선을 이루어야 한다.

 부모와 자녀, 가정과 교회, 그리고 학교 프로그램까지 연계하여 건강한 인성과 신앙, 전문성, 영성과 지성을 갖춘 지도자들로 키워야 한다. 따라서 성품 훈련을 통해 건강한 인격 상을 제시할 필요성이 있고 건강한 교제와 나눔을 통한 건강한 관계의 훈련이 필요하다.
 선을 이루기 위해 가정과 학교와 교회가 협력해야 한다. 다음세대 한 사람을 위해서 하나님의 마음을 가지고 경제적 부담에도 불구하고 신앙으로 바르게 양육하여 제2의 요셉, 모세와 같이 하나님께서 쓰시는 지도자들로 세울 수 있다면 통일선교의 미래는 밝아질 것이다.

3장. 탈북민 긍휼 사역

1) 가정 사역의 강화

　탈북민 가정 중에서 믿음의 본보기가 되는 가정은 많지 않다. 이는 북한 사회의 가혹한 현실과 탈북 과정에서 많은 어려움을 겪은 요인으로 보인다. 1994년 이후로 북한은 대규모 기근인 '고난의 행군'을 겪었다. 이로 인해 식량난과 빈곤이 심화하였고 많은 사람이 굶주림과 질병으로 고통받았다. 이러한 상황에서 가정은 해체되고 가족들은 서로 헤어져야만 했다. 탈북민 중에는 20년 가까이 가족의 생사를 모르는 사람들이 많다. 이들은 가족에 대한 그리움과 상실감으로 고통받고 있다.

　탈북민 가정의 이혼율은 한국 평균보다 높다. 이혼의 큰 이유는 경제적 이유이다. 탈북민들은 한국 사회에 정착하는 과정에서 경제적 어려움을 겪는 경우가 많다. 이러한 경제적 어려움은 부부 갈등을 일으키고 결국 이혼으로 이어지는 경우가 많다. 또 다른 이유는 가사 분담이나 가부장적인 태도이다. 북한 사회에서는 가사와 양육은 여성의 몫으로 여겨지는 경우가 많다. 이러한 문화적 차이로 인해 부부 갈등이 발생하고 이혼으로 이어지는 경우가 있다.

　탈북 여성이 남한 남성과 결혼해도 이혼율이 높은 편이다. 성격 차이, 문화 차이, 경제적 문제 등이 이혼의 원인으로 작용한다. 어느 가정이나 문제가 있다. 그 문제를 잘 해결해 나가면 이혼율은 줄어들지만, 북한의 방식처럼 억누르며 살다가 결국 폭발하게 되면 바로 이혼하게 된다. 이혼을 예방하기 위해서는 부부 상담이나 가정 상담을 통한 사역도 중요하다.

 탈북민들이 교회에 오는 이유는 다양하지만 그중에서도 가장 큰 이유는 교회가 가족과 같은 따뜻한 공동체이기 때문이다. 교회 식구들이 가족처럼 다정하게 대해 주고 교회 밥이 집밥처럼 편안하기 때문이라는 고백을 많이 한다.

 탈북민들은 따뜻한 가정처럼 개인의 사생활을 침해하지 않고 존중받을 수 있는 곳이 교회이기를 바라고 있다. 상대방에게 자신의 허물을 보여 주는 것을 싫어하는 탈북민들의 마음을 이해하고 설령 허물을 보였더라도 사랑으로 덮어줄 수 있는 가정과 같은 교회가 되어야 한다.

 교회는 리더 양육을 통해 리더들을 세우고 사랑방이나 목장 형태의 소그룹을 활성화해야 한다. 소그룹은 교회가 건강하게 성장하고 성도들이 신앙적으로 성장하는 데 필수적이다. 소그룹은 교회 내에서 가장 작은 공동체이다. 소그룹에서는 리더와 성도들이 서로를 가까이에서 만나고 신앙과 삶에 대해 나눌 수 있다. 이러한 지속적인 관계를 통해 성도들은 서로를 사랑하고 격려하며 신앙적으로 성장할 수 있다. "서로 돌아보아 사랑과 선행을 격려하며 모이기를 폐하는 어떤 사람들의 습관과 같이 하지 말고 오직 권하여 그 날이 가까움을 볼수록"[111] 모이기를 힘써야 한다.

교회는 탈북민 가정들이 건강한 공동체 안에서 서로를 사랑하고 중보기도 하며 북한에서 받았던 상처를 치유하고 건강한 가정을 회복하도록 도와야 한다. 또한 탈북민 가정들이 남한 사회에 적응하고 자녀들을 올바르게 양육할 수 있도록 지원해야 한다. 신앙 안에서 서로의 존중을 배우고 서로를 높일 때 건강한 가정으로 발전해 갈 수 있다.

2) 탈북 여성 사역

2023년 기준, 대한민국에 정착한 탈북민은 3만 4천여 명으로 약 80%가 여성이다. 일부 탈북 여성들은 중국에서 성매매 피해를 당하고 한국으로 오게 된다. 이들이 경험한 트라우마나 대인기피증 등으로 사회생활에 어려움을 겪는 경우가 많다.

탈북 여성 중에는 중국에서의 경험을 바탕으로 국내, 일본, 호주, 미국 등에서 성매매하는 경우도 있다. 특히 한국 대학에 다니는 20대 탈북 여성들이 영어의 장벽을 넘지 못하고 어학연수를 위해 해외에 갔다가 브로커에 의해 성매매를 당하는 경우가 많다.

한국에서 이들에게 영어 교육과 학업 지원을 제공했다면 그러한 상황에 내몰리지는 않았을 것이다. 20~30대 탈북 여성들이 해외에서 성매매하는 현실은 필자로 하여금 마음 아프게 했다.

탈북 여성 성매매는 국내에도 많이 발생하고 있다. 이들은 북한과 중국에서 겪은 가난으로 인한 트라우마로 한국에 와서도 돈의 유혹에 빠지기 쉽다. 맘몬은 돈과 물질을 숭배하는 우상이며 성매매는 맘몬의 의도에 부합하는 행위이다.

 맘몬이 주인이 되어 있는 이들에게 복음을 전하기는 쉽지 않다. 이들은 돈에 대한 집착이 강하고 복음을 믿는 것이 자신의 경제적 이익에 도움이 되지 않는다고 생각하기 때문이다. 또한 성매매 피해자들은 트라우마와 상처로 인해 마음의 문을 닫고 살아가는 경우가 있다. 이들에게 접근하여 복음을 전하고 맘몬으로부터 빼내기는 쉽지 않다.

 필자도 성매매로 생계를 연명하는 탈북 여성을 10년 넘게 가족으로 받아들여 만남을 지속해 가고 있다. 수많은 만남 가운데 복음을 전하기 위해 노력해 왔다. 또한 성매매에서 벗어나도록 도우려고도 했다. 10년이 지난 지금도 여전히 영적 전쟁 중이고 진행 중이다.

 탈북 여성들은 한국 사회에 정착하려면 안정적인 취업이 필요하다. 그러나 한국 사회에서의 취업은 탈북 여성들에게 쉽지 않다. 한국어와 문화에 대한 이해 부족, 학력과 경력의 미흡, 차별과 편견 등이 그 이유이다.

 탈북 여성들이 취업할 수 있는 직업은 주로 서빙, 설거지, 생산직 등 단순노동에 한정된다. 이러한 일들은 장시간 근무와 육체적 노동이 요구되는 경우가 많아, 탈북 여성들이 지속해서 일하기 어렵다.

 결국 탈북 여성들은 쉽게 일하고 돈을 많이 벌 수 있다는 유혹에 빠지기 쉽다. 이러한 유혹은 성매매, 불법 노동 등 불법적인 직업으로 이어질 수 있다. 성매매를 통해 돈을 벌어서 벗어나려고 해도 전문성이 떨어지고 사업성이 떨어지기 때문에 돈을 까먹기 쉽다. 오히려 빚만 늘게 되면 다시 성매매의 길로 들어선다. 쳇바퀴 굴러가듯 굴레에서 벗어나지 못하는 탈북 여성들이 많이 있다.

탈북 여성들이 이러한 유혹을 벗어나 건강하고 행복하게 살기 위해서는 취업과 자립을 위한 지원이 필요하다. 이러한 지원에는 심리 상담, 경제 상담, 취업 상담, 결혼 상담 등이 포함된다.

3) 교도소 탈북민 사역

교도소 안에는 170명[112] 이상의 탈북민들이 있다. 범죄의 형태는 마약 운반, 불법체류, 보안법 위반 등이 있다. 이 중 마약사범이 60명으로 가장 많고 사기 및 횡령, 살인 및 강간 등이 그 뒤를 잇고 있다. 탈북민 수감자의 증가는 탈북민의 사회 적응 어려움, 한국 사회에 대한 이해 부족, 문화적 갈등 등이 복합적으로 작용하고 있다.

탈북민들이 돈에 대한 유혹에 빠져 돈을 많이 벌 수 있는 알바를 찾다가 본인도 모르게 마약 운반 범죄까지 연루된다. 탈북민들이 북한에 남아 있는 가족을 데려오기 위해 북한에 불법 입국하다 적발되어 보안법 위반까지 하게 된다.

탈북민들이 감옥에 들어갔을 때 겪는 어려움은 크다. 탈북민들은 한국에 처음 입국했을 때 정부로부터 2년 계약의 임대주택을 받는데 2년마다 재계약을 해야 한다. 재계약을 하지 않으면 쫓겨난다. 또한 도시가스나 인터넷 연결과 같은 각종 공과금을 정지하거나 해지해야 하지만 이러한 정보를 모르거나 도울 사람이 없으면 금액만 쌓여 감옥에서 나왔을 때 빚만 지는 경우도 있다.

탈북민 수감자들을 어떻게 도울 수 있을까? 탈북민을 돕는 기관과 협력하여 면회, 영치금 지원 등 실질적인 도움을 제공할 수 있다. 또한 관계를 맺고 복음을 전하는 것도 도움이 될 수 있으며 가족을 돕는 것도 재범 방지에 도움이 된다. 감옥에서 나온 후에도 재범할 확률이 높은 이유는 살아가는 환경이 어려워 다시 범죄에 빠지기 때문이다.

탈북민 수감자들은 한국 사회에 대한 이해 부족으로 인해 범죄에 연루되거나 범죄를 저지르고도 재범의 위험이 크다. 따라서 한국어 교육, 한국 문화 교육, 법률 교육 등을 통해 탈북민 수감자들이 한국 사회를 이해하고 적응할 수 있도록 도와야 한다.

또한 탈북민들은 북한에서의 박해와 한국으로의 탈출 과정에서 겪은 정신적 고통, 육체적 고통으로 인해 심리적으로 취약한 상태에 있다. 이들에게 상담 및 치료 등을 통해 탈북민 수감자들이 정서적인 안정을 찾고 재활할 수 있도록 지원해야 한다.

탈북민 수감자들이 출소 후에도 사회에 복귀할 수 있도록 취업 지원, 교육 지원, 주거 지원, 생활비 지원 등을 통해 한국 사회에 성공적으로 정착하고 범죄를 저지르지 않도록 예방해야 한다.

한국교회는 탈북민 수감자들에게 무엇을 할 수 있는가? 이들에게는 예수 그리스도의 사랑이 필요하다. 자신이 예수 그리스도 안에서 얼마나 소중한 존재인지를 발견하고 회복과 성장을 통해 사회에 복귀할 수 있도록 한국교회와 탈북민교회는 지속적인 만남과 관계를 통해 사역을 확장해야 한다. 이를 위해 다음과 같은 사역을 고려할 수 있다.

- 탈북민 수감자들을 위한 교도소 방문 및 상담
- 탈북민 출소자들을 위한 성경 공부 및 기도 모임
- 탈북민 출소자들을 위한 취업 및 교육 지원
- 탈북민 수감자와 출소자 가족을 위한 생활 지원

4) 탈북민 취약계층 지원 사역

첫째. 의료 지원

탈북민들에게 필요한 것은 의료 지원이다. 탈북민 중에는 필자처럼 건강보험에 가입하지 못한 사람도 있다. 이들은 병원비를 감당하기 어려워 치료를 받지 못하거나 병원비를 마련하지 못해 경제적 어려움을 겪게 된다.

탈북민 중에는 희귀성 난치질환을 앓고 있는 사람들이 많다. 이들은 치료비가 비싸고 치료법이 마땅치 않아 질병을 가지고 살아가고 있다. 또 다른 탈북민 중에는 신장이나 간 이식을 기다리는 사람들도 있다. 이들은 이식자를 찾지 못해 5년 이상을 기다리며 한 주에 네 번씩 투석을 받고 있다.

대부분 탈북민은 북한, 중국, 탈북 과정에 겪은 트라우마를 가지고 살아간다. 이러한 문제를 상담할 수 있는 상담 기관과 치유를 병행하면서 신앙적으로 도울 수 있는 대안을 찾아야 한다.

이처럼 탈북민들에게 의료 지원이 절실하게 필요하다. 정부와 교회가 협력하여 탈북민들이 필요한 의료 지원을 해야 한다.

둘째. 경제 교육 지원

탈북민들이 한국 사회에 정착하는 데 필요한 것은 경제 교육이다. 탈북민들은 북한에서 자본주의 경제 체제를 경험하지 못했다. 따라서 한국의 경제 체제에 대한 이해가 부족하다. 이는 탈북민들이 경제적으로 어려움을 겪는 원인이 된다.

탈북민 중에는 수입보다 지출이 많고 저축하지 않는 경우가 많다. 북한에서 하루 벌어 하루 사는 삶의 패턴이 한국에 와서도 그대로 적용된다. 이러한 현상은 살면서 아프거나, 대학교 등록금 등 목돈이 필요할 때 어려움이 생긴다. 대부분 탈북민이 신용등급이 낮으므로 1, 2금융권 대출받기가 쉽지 않고 대출한도가 제한되어 있으므로 목돈이 필요하면 겁 없이 사채를 쓰기도 하고 갚을 능력이 없으면 파산신청을 하기도 한다. 그 결과 신용불량자로 살아가는 일부 탈북민들도 있다.

이처럼 탈북민들은 경제적으로 취약한 상태에 놓여 있다. 따라서 탈북민들에게 경제 교육을 통해 경제적 지식을 제공하고 올바른 경제 습관을 형성하도록 돕는 것이 중요하다.

셋째. 법률 이해 지원

탈북민들이 한국 사회에 정착하는 데 필요한 것은 법률 이해이다. 탈북민들은 북한에서 법치주의를 경험하지 못했다. 북한에도 법이 있고 법대로 국가가 운영되는 것이 아니라 법률 위에 수령의 말이 있고, 수령의 말이 곧 법이기 때문에 법률에 대한 이해가 낮다. 따라서 탈북민들이 한국 사회에 정착하면 법의 중요성을 깨닫지 못한다. 이러한 법률에 대한 인지 부족으로 북한에서 생활하던 방식대로 살다가 작은 문제도 큰 문제로 확대되는 경우도 있다. 탈북민들이 법적 문제에 휘말리게 되었을 때, 자신이 부당하다고 느끼면 경찰, 검찰, 재판관 앞에서도 싸우듯이 큰 소리로 말하는 경우가 많다. 이는 탈북민들이 북한의 문화에서 살아온 영향이다. 한국에서는 이러한 행동이 오히려 불리하게 작용할 수 있다.

또한 탈북민 중에는 소송 문제가 생기더라도 변호사를 선임할 수 없는 경우가 많다. 이는 변호사 선임 비용이 많이 들기 때문이다. 변호사 없이 소송을 진행하기는 어려운 일이며 탈북민이 불리하게 작용할 수 있다.

이처럼 탈북민들은 법률에 대한 이해가 부족하고 변호사 선임 비용의 문제로 인해 법적 문제를 해결하는 데 어려움을 겪는다. 따라서 탈북민들에게 법률 교육과 법률 지원을 제공하는 것이 중요하다.

넷째. 진로 개발 및 취업 지원

대한민국 국민도 취업은 어렵지만, 탈북민들에게는 더더욱 어렵다. 탈북민들은 북한에서 출신성분에 따라 노동자는 노동자가 되고, 인텔리는 인텔리가 되고, 농민은 농민의 대를 이어 진로에 대한 선택지가 없이 국가가 지정해 주는 대로 살다 보니 자기 자신이 무엇을 좋아하고 잘하는지 모르는 경우가 많다. 다양한 경험 부족으로 자기 적성과 능력을 파악하기 어려워한다. 따라서 어떤 일자리를 구해야 하는지 어려워한다. 또한 취직했다고 하더라도 한국 사회에 대한 이해와 문화 이해에 대한 부족, 갈등으로 인해 직장에서 어려움을 겪는다. 예를 들어 업무 지시를 이해하지 못하거나 한국어로 의사소통하는 데 어려움을 겪을 수 있다. 또한 한국 사회의 문화와 관습을 이해하지 못해 갈등이나 오해를 겪을 수도 있다.

이러한 현상으로 회사 내에 차별과 편견에 직면할 수 있다. 이러한 차별과 편견은 직장에서 소외감을 느끼고 사기를 잃게 만들 수 있다. 또한 업무 능력을 인정받지 못하거나 승진에서 불이익을 받을 수 있다. 이러한 이유로 회사를 그만두는 경우도 있고 회사 내 관계 문제, 북한 말투, 자기 적성에 맞지 않은 것도 문제의 요인으로 작용한다.

탈북민들이 적성에 맞는 일자리를 찾는 것은 탈북민들의 취업 성공에 매우 중요하다. 탈북민들이 자기 적성과 능력을 발견하고 개발할 수 있도록 지원하는 것도 필요하다. 이를 위해 다음과 같은 노력이 필요하다.

- 탈북민들의 적성 검사 및 진로 컨설팅 지원
- 탈북민을 위한 취업 교육 및 직업훈련
- 탈북민들의 사회 경험과 네트워크 구축 지원
- 탈북민들의 한국어 교육과 한국 문화 교육 지원
- 탈북민에 대한 차별과 편견에 대한 인식개선 교육 실시
- 탈북민들의 정서적 어려움을 지원하기 위한 심리 상담 및 치료 서비스 제공

4장. 탈북민 사역자 사역

현재 한국에는 약 300명의 탈북민 사역자(신학생 포함)가 있다. 탈북민 사역자들의 사역을 세 가지로 나눌 수 있다. 한국교회에서 사역, 교회를 개척해서 담임으로 사역, 일터 사역을 하는 사역자들로 나눌 수 있다. 탈북민 신학생은 약 100여 명으로, 한국 신학생의 1%를 차지한다. 한국 신학교의 신대원 지원자가 줄어드는 추세와 달리, 탈북민 신학생은 지속해서 증가하고 있다.

한국교회 기도의 열매이기도 하다. 하나님의 사랑으로 탈북민들에게 관심을 가지고 기도하고 말씀을 가르치고 양육했다. 이러한 한국교회의 열매들이 필자와 같이 300여 명의 사역자들이 있게 했다. 이들 중에는 필자와 같이 사역자의 자질이 부족하게 보일지라도 하나님께서 선택하시고 하나님의 일에 사용하시기 위해 빚어가고 있는 믿음의 동역자이기에 한 명, 한 명이 너무 소중하고 너무 귀하다.

한국교회는 탈북민 사역자와 신학생들이 통일선교의 사역을 감당할 수 있도록 관심을 가져야 한다. 이를 위해서는 개인과 공동체가 탈북민 사역의 중요성을 인식하고 탈북민 사역자와 신학생들의 필요를 이해하고 그들의 사역을 돕기 위한 구체적인 방법을 모색해야 한다.

한국교회는 탈북민 신학생들을 도우려고 노력하고 있지만 그 방법을 찾는 데 어려움을 겪고 있다. 탈북민 신학생들은 한국교회의 파트사역, 준전임사역, 전임사역으로 함께 사역하기를 원하지만 한국교회의 목회자들은 어떤 부서를 맡겨야 할지 또 어떤 사역을 잘할 수 있을지에 대한 상호신뢰가 쌓이지 않아 어려움을 겪고 있었다.

과거에 탈북민 신학생이나 사역자가 한국교회에서 사역하다가 관계의 문제로 교회의 공동체를 어렵게 한 경우가 많았다. 한번 신뢰가 깨지면 교회 공동체와 탈북민 간의 관계를 회복하기가 쉽지 않게 된다. 이러한 어려움은 한국교회 안에 선입견과 편견이 존재하게 되고 이것을 깨기가 어렵다.

'탈북민 사역자'라는 꼬리표는 부정적 인식으로 사역에 방해가 된다. 담임 목회자의 지지가 있더라도 함께 일하는 사람들과의 소통이 어렵고 관계가 어려우면 탈북민 사역자들은 오래 버티기 힘들다. 탈북민 사역자는 성도들을 대상으로 섬겨야 하지만 오히려 성도들이 탈북민 사역자를 대상으로 섬겨야 하는 역전 현상도 생길 수 있다.

탈북민 신학생들이나 사역자들은 내재 된 상처로 인해 사람을 쉽게 신뢰하지 못하고 남북의 문화 차이로 인해 서로 오해가 발생할 수 있다. 특히 소통에 큰 문제가 생기면 작은 오해가 큰 문제로 번질 수 있다. 탈북민들은 한국 사회에 적응하기 위해 한국 문화와 언어를 습득하는 것이 중요하지만 북한의 사고와 틀을 완전히 버리기란 쉽지 않다. 따라서 한국교회는 탈북민 사역자들에게 오래 참음과 동시에 사랑의 마음으로 하나씩 가르쳐 주어야 한다. 사람은 누구나 실수를 할 수 있으므로 탈북민 사역자들에게도 너그러운 이해와 배려가 필요하다. 탈북민 사역자들은 한국 사회의 낯선 환경과 문화 속에서 사역해야 한다. 이는 마치 이민자가 선교지에서 선교하는 상황과 유사하다. 따라서 탈북민 사역자들을 이해하고 그의 사역을 이해하고 함께 협력하여 사역하는 것이 중요하다.

한국교회는 탈북민 사역자 한 사람을 교회 안에서뿐만 아니라 교회 밖에서도 함께 동역하고 세우는 것이 너무 중요하다. 이러한 협력의 사역은 말로만이 아닌 하나님의 사랑을 탈북민 사역자를 통해서 흘려보낼 수 있는 귀한 사역이 될 수 있기 때문이다.

탈북민 사역자들의 공통적인 신앙고백은 고난 가운데 하나님을 만났고 먼저 믿은 신앙인들을 통해 하나님의 사랑을 경험했다는 것이다. 이처럼 하나님의 역사는 믿음의 사람들을 통해서 하나님의 사랑을 드러내고 고통받는 자들 속에 하나님의 사람들을 보내시어 하나님의 역사를 이루신다.

북한선교를 하면서 자주 하는 말이 있다. "가시를 안은 사람은 고통을 느끼지만 안긴 가시는 포근함을 느끼는 것과 같다." 예수님 십자가의 사랑이 그와 같았고 십자가를 지고 그의 길을 따라가는 사역자의 삶도 이와 같다.

누가 탈북민들의 아픔을 공감하고 친구가 되어 함께 울어주고 기도하겠는가? 300여 명의 사역자들이 하나님 앞에서 온전한 사랑과 치유로 회복되어 상처 입은 치유자가 될 때 하나님은 그들을 통해서 대한민국에 온 3만여 명의 탈북민을 품고 그 사역을 감당하게 할 것이다. 더 나아가 2천5백만의 북한 주민들에게도 예수 그리스도의 사랑으로 복음을 전할 수 있다. 당신은 가시를 안을 수 있는가? 가능하다면 북한선교의 소중한 동역자가 될 수 있다.

5장. 탈북민교회 사역

1) 선교적 교회로서의 탈북민교회

대한민국 내에 있는 탈북민교회는 70여 개가 있다. 수도권에만 전체 교회의 80%를 차지하고 있다. 서울 33개, 경기 19개, 인천 6개 순이다. 앞으로도 탈북민교회는 더 늘어날 전망이다.

필자도 2017년 4월 1일 숭실대학교 근처에 있는 10평 남짓의 상가를 임대해서 한소망교회를 개척했다. 1년이 지나 40평 상가를 임대하여 리모델링하고 이전하여 감사 예배를 드렸고 대한예수교장로회 통합 용천노회에 가입하여 가입 예배도 드렸다. 남북 성도들이 복음 안에서 하나 됨이 무엇인지 함께 경험하게 되었다. 북한에 교회가 세워져도 이와 별반 다를 바가 없어 보였다. 서로 다르지만 복음 안에서 하나가 되어 한 하나님을 아바 아버지로 부르며 함께 예배드리며 영적 가족 공동체로 누리는 은혜들이 너무나 컸다.

2021년 2월까지 한소망교회 사역을 내려놓고 3월부터 소망교회 북방 담당 전임사역자로 부임하였다. 이유는 한국교회 사역을 경험 또는 배우고 싶은 마음이 컸다. 교회 사역을 내려놓기가 쉽지 않았지만 대형교회에 들어가서 배우기도 쉽지 않았다. 어느 곳에 있든 하나님 앞에서 나를 비우고 죽이는 시간이었다. 내가 죽을 그때가 하나님께서 나를 통해 일하시는 시간이었다.

　필자의 이야기를 하는 이유는 탈북민 목회자들을 만나서 그들의 이야기를 듣다 보면 필자와 별반 다르지 않음을 깨달을 수 있기에 어떤 사역을 하는 것보다 더 중요한 것은 하나님은 사역자를 하나님의 사람으로 만지시고, 하나님의 교회, 하나님의 선교를 이루어 가신다는 것이었다.

　마찬가지로 교회 사역을 하다 보면 교회도 주님이 하시는 것이고 선교단체도 주님이 하신다는 것을 알 수 있다. 하나님께서 모이게 하시면 모이면 되고 흩으시면 흩어지면 된다. 다만 모이든 흩어지든 우리는 하나님을 예배하고 하나님을 전하면 된다.

　탈북민 사역자들은 누구보다 이 훈련이 잘되어 있다. 짐 보따리를 싸지 않아도 어느 곳에서든 복음이 필요한 곳에 머물고 함께 생활하며 하나님의 은혜를 나누고 전한다.

2) 탈북민교회가 개척되는 이유

첫째, 탈북민 공동체를 통한 동질화와 토착화이다.

　탈북민들은 한국 사회에 적응하기 위해 어려움을 겪고 있다. 심리적 외로움, 경제적 어려움, 한국 사회의 언어와 문화에 대한 부족한 인식과 정보 등 탈북민들만의 문화와 삶의 영역 안에서 해결할 수 있는 것이 크다. 서로를 누구보다 잘 알기에 공감도 크고, 문제들을 나누고 함께 해결하며 예수 그리스도의 사랑 안에서 축복하고 기도하고 사랑할 수 있는 영적 가족으로서 성장할 수 있기 때문이다.

둘째, 공감대가 있는 설교와 내용에 대한 이해이다.

탈북민들은 한국의 언어에 대한 이해도 부족하지만 그 단어나 맥락이 갖는 어휘에 대해서도 이해하지 못한다. 또한 기독교 용어에 대한 사전 이해가 없다 보니 설교의 내용을 절반도 이해하지 못한다. 그러나 탈북민 목회자들이 설교할 때면 어휘 구성 자체가 탈북민들에게 맞춰져 있고 기독교 용어나 한국에서 사용하는 용어들은 자세하게 풀어서 설명하여 이해를 돕기 때문에 쉽게 이해가 될 수밖에 없다. 설교와 성경 공부가 섞여 있는 내용으로 이해를 돕기 때문이다.

셋째, 탈북민 사역자들의 열정과 섬김이다.

한국선교는 지역사회와 해외 선교에 초점이 맞춰져 있다. 그러나 탈북민교회는 교회 밖에도 전도하고 선교하지만 교회 안에 있는 사람들을 대상으로 전도하고 선교한다. 그들과 친구가 되고 그들의 이야기에 경청하고 복음을 전하고 양육하여 교회의 리더들로 세우려고 노력한다.

탈북민 한 사람이 말씀의 뿌리를 내려 신앙을 갖기까지 오랜 시간이 걸린다. 겉으로는 거칠어 보이고 상처가 되는 말을 할지라도 마음만은 여린 탈북민들이 많이 있다. 탈북민들의 진심을 이해하고 수용하고 기다려 줄 때 그 한 영혼 한 영혼이 주님께로 돌아온다.

세상이 다 돌을 던진다고 하더라도 탈북민 사역자만큼은 그들을 품고 돌을 함께 맞아 줄 수 있어야 한다. 끊임없는 사랑으로 한 영혼 한 영혼을 위해 기도하며 사랑을 전하는 탈북민교회들이 늘어나야 한다. 앞으로도 더 많은 건강한 교회 공동체들이 세워져서 탈북민에게 복음을 전해야 한다.

3) 건강한 탈북민교회의 성장과 성숙

탈북민교회가 많아지는 것도 중요하지만, 건강한 교회로 성장하는 것이 더 중요하다. 이를 위해서는 한국교회와의 협력을 통해 사역자의 사례지원이나 자립을 위한 목회 지원 시스템이 필요하다.

탈북민교회는 한국교회와 달리 교인 수 대비 헌금이 적고 지출이 많다. 탈북민들이 교회에 처음 발을 딛게 된 이유가 장학금이나 경제적 지원을 받으려고 교회에 나오는 경우가 있다. 헌금을 하나님 앞에 드린다는 개념보다는 받는 것에 익숙하다. 성도 수가 많다고 해서 자립이 이루어지는 것이 아니라 오히려 지출이 더 클 수 있다. 탈북민들은 헌금 개념이 약하고 십일조 헌금을 꾸준히 하는 성도들은 소수이기 때문이다.

코로나19와 같은 악재로 인해 탈북민들은 경제적 어려움을 겪고 있다. 탈북민교회는 이들에게 구제 차원에서 지원하게 된다. 교회 차원에서도 경제적 어려움이 있어서 사역자들의 고민은 더 커진다.

코로나19 이후 해외 선교의 길이 막히면서 한국교회는 국내 탈북민교회와 탈북민 신학생을 돕는 사역으로 확대되었다. 탈북민 신학생이 증가하고 탈북민교회가 개척되는 상황도 이와 비례한다고 할 수 있다. 그러나 경제적 지원이 끊기게 되면 탈북민교회는 자립이 어려워진다. 임대료가 적거나 지출이 적은 교회는 사례를 받지 못하더라도 적은 금액으로 교회를 유지할 수 있지만 임대료가 많거나 지출이 큰 교회는 감당하기 어렵다.

탈북민교회가 한국교회에만 의존하고 있는 상황에서 한국교회의 지원이 줄어들거나 끊기게 되면 탈북민교회는 대안이 없다.

탈북민교회는 목회로만 승부를 볼 수 없기에 일부 교회는 선교센터를 두고 외부 후원을 통해 구제 사역과 병행하기도 한다. 또한 유튜브를 개설해 홍보 용도로 사용하기도 한다. 그러나 그렇지 못한 교회들은 직접 발로 뛰거나 기도로 어렵게 사역하고 있다.

그런데도 탈북민 사역자와 교회가 늘어나는 이유는 인간이 판단할 수 있는 문제가 아니라 하나님께서 역사하셔서 선교의 일꾼들을 준비시키는 것이라고 볼 수밖에 없다. 따라서 한국교회는 탈북민교회와 연대하여 예배를 돕고 전도를 돕고 수련회나 강단 교류와 같은 사역으로 함께 동행해야 한다. 또한 선교팀을 조직하여 선교의 하나로 한 교회가 한 교회를 맡아 꾸준히 목회자 간 교류, 성도 간 교류, 함께 하는 수련회 프로그램들을 통해 선교적 차원에서 장기적으로 교회가 스스로 자립하도록 함께 해야 한다.

6장. 엔케이피플 선교 사역

1) 엔케이피플 시작하게 된 배경

엔케이피플선교회는 2010년 12월 백 집사님을 만나면서 시작되었다. 중국에서 일명 '성경통독반'에 있었던 친구들이 한국에 와서 자본의 맘몬 앞에 굴복하는 것을 보면서 "우리가 여호와를 알자 힘써 여호와를 알자"[113]는 말씀을 붙잡고 "통일의 씨앗" 이름으로 탈북 청년들이 매주 토요일마다 모여 말씀 양육을 통해 신앙과 전문성으로 준비되는 전문인 선교사로 준비했다. 2013년에는 예수님을 믿지 않는 탈북 청년들과 제3국 출생 자녀들에게 장학금 지원 등 어려움에 있는 탈북민을 돕는 사역을 확장하면서 "탈북민닷컴"으로 개명했다. 이후 복음과 구제의 사역을 더욱 확장시켰으며 2016년에는 '엔케이피플선교회'로 개명하고 독립 교단(KAICAM)에 가입하여 현재까지 사역을 이어오고 있다.

2) 엔케이피플 비전

North Korea People 탈북민들에게 예수님의 사랑을!
New Korea People 예수님의 사랑으로 남북통일을!
New Kingdom People 하나님 나라를 품고 열방을!

3) 엔케이피플 소개

엔케이피플선교회는 통일시대에 사람을 준비하는 북한선교단체이다. 생명을 살리고 복음을 전하여 하나님의 사람들을 세우는 것을 목적으로 한다. 선교사를 준비시키고 파송하여 북한에서 탈출한 탈북민을 보호하고 그들에게 복음을 전하고 양육하여 자유의 땅 대한민국으로 안전하게 구출하도록 돕는다. 또한 남북 청년들에게 장학금 지급 및 일대일 제자양육을 통해 '전문인 선교사'로 준비시키고 있다. 민족을 살리는 에스라와 느헤미야처럼 복음의 군사들을 준비시켜 서울에서 평양, 평양에서 땅끝까지 복음의 증인으로 함께 동역하는 것이다.

4) 엔케이피플 사역 방법

엔케이피플 사역 방법으로는 1단계: 구제&관계 사역으로 탈북민들과 공감하고 친구 되는 사역으로 구제를 통해 관계를 맺는다. 2단계: 복음 전도사역으로 관계 맺은 탈북민들에게 하나님의 사랑을 전한다. 3단계: 가족&교회 공동체 사역으로 탈북민들과 함께 영적 가족이 되고 교회 공동체 안에서 하나님을 예배하며 함께 살아간다. 4단계: 제자화(일대일 양육) 사역으로 "예수제자" 일대일 양육을 통해 멘토로 세우고 사역을 함께 동역한다. 이벤트성에 그치는 사역이 아니라 지속적인 관계 안에서 탈북민들에게 복음을 전파하고 병을 고치고 하나님 나라를 가르친다. 이 사역을 위해 함께 선교하고 함께 예배드리고 함께 양육 받고 양육한다.

5) 엔케이피플 주요 사역

① 남북 청년 '예수제자' 일대일 양육 사역

2030 남북청년들 대상으로 일대일 제자양육을 통해 신앙과 전문성을 갖춘 전문인 선교사로 준비하고 있다. 이를 위해 맞춤형으로 제작된 '예수제자' 양육교재를 가지고 멘토와 멘티가 월 1~2회를 정기적으로 만나 하나님의 말씀 안에서 교제와 기도로 하나님을 닮아 가고 있다.

② 탈북대학(원)생 장학금 사역

2030 탈북대학생을 대상으로 '엔케이피플 장학생'들을 선발하여 빵과 복음을 통해 생명의 떡 되시는 예수 그리스도를 전하고 양육하는 것을 목적으로 1년 단위로 매월 20만 원씩 장학금을 지급하고 있다. 장학생들은 일대일 연결을 통해 신앙적으로 돕고 교육과 정착에 도움을 주고 있다.

③ '탈북민 사랑의 희망금' 사역

탈북민들의 아사 뉴스를 접하고 주변의 탈북민들에게 희망을 주고자 '탈북민 사랑의 희망금' 지원 사역을 시작하게 되었다. 다양한 어려움 가운데 있는 탈북민들에게 정기적인 후원금으로 하나님의 사랑을 흘러 보내고 있다. 앞으로도 하나님의 사랑을 계속 흘러 보낼 것이다.

④ 탈북구출 및 중국 쉘터 사역

2010년부터 현재까지 선교사님들과 협력하여 탈북구출 사역을 진행하고 있다. 1년에 많을 때는 100명 이상 구출했지만, 코로나19 이후로 구출사역은 현저히 줄어 들었다. 그럼에도 여전히 중국에서 어려움 가운데 있는 탈북민들에게 복음을 전하고 자유의 대한민국으로 구출하는 사역은 계속 될 것이다.

⑤ 남북청년 독서, 스포츠, 교육 사역

남북청년들과 함께 다양한 독서토론 모임을 여러차례 진행했다. 또한 '글쓰기 아카데미', '미디어선교 영상아카데미', '엔케이피플 봉재교육', '유니FC축구모임', '엔케이퍼즐' 등 다양한 사역을 현재도 진행하고 있다. 이러한 남북청년들의 교류와 교육을 통해 신앙과 전문성을 겸비한 통일시대의 지도자들로 양성하고 있다.

글을 마치며

글을 마치며

　하나님은 한반도를 사랑하신다. 1866년 토마스 선교사를 보내주셨고 순교자들의 흘린 피로 한반도에 하나님의 역사를 이루셨다. 그러나 이기적인 사람들은 하나님보다는 우상을 섬겼다. 일제 강점기에는 신사참배를 했고 분단 이후 남한은 맘몬을 섬기고 북한은 김씨 일가를 우상 숭배했다. 분단 70여 년이 지난 지금도 하나님의 은혜 아니면 살아갈 수 없음을 고백할 수밖에 없다.

　남한은 밤이면 유흥업소들의 불빛으로 가득하지만 그에 못지않게 십자가의 불빛도 서울을 밝히고 있다. 북한은 김일성 동상, 영생탑, 사적비들로 가는 곳곳마다 설치되어 있지만 숨은 그루터기 성도들을 통해 구원의 역사가 이루어지고 있다. "죄가 더한 곳에 은혜가 더욱 넘쳤나니 이는 죄가 사망 안에서 왕 노릇 한 것 같이 은혜도 또한 의로 말미암아 왕 노릇 하여 우리 주 예수 그리스도로 말미암아 영생에 이르게 하려 함이라"[114] 하나님의 긍휼과 자비가 이 땅을 덮고 있음에 감사할 따름이다.

　하나님은 탈북민을 어두움에서 빛으로 부르셨다. 고난의

행군 시기를 거쳐 수많은 탈북민이 어둠의 땅에서 탈출했다. 그 탈출은 복음 빛이 탈출한 일부 탈북민들에게 머물기에 충분했고 다시 그 복음의 빛은 북한에 들어가 복음의 빛을 지금도 밝히고 있다.

적지 않은 탈북민들이 제3국에서 선교사님들을 통해 복음을 받아들였다. 복음을 받아들인 탈북민 중에는 복음 전도를 목적으로 목숨을 걸고 북한으로 들어가 순교하신 분들이 많이 있다. 필자의 아버지는 중국에서 성경 공부했다는 이유로 북한의 수용소에서 돌아가셨다. 또한 필자와 함께 중국에서 성경 공부를 하다가 북한에 복음을 전하러 들어간 형님들의 생사 소식을 아직도 모른 채 기도만 하고 있다.

북한의 기독교 박해로 인해 많은 순교자가 발생하였다. 박해는 여전히 진행 중이며 북한의 지하교인들은 여전히 연단과 시험 가운데를 통과하고 있다. 하나님께서는 마지막 시대에 사용하실 도구로 그들을 준비시키고 계신다. 북한의 그루터기 성도들과 지하교회 성도들이 평양에서 만나 함께 예배드릴 그날을 기도한다. 그들과 함께 땅끝 선교를 감당할 생각만 해도 가슴이 뛴다.

중국에서 인신매매로 팔려 간 여성들과 그 사이에서 태어난 제3국 출생 자녀들도 복음을 받아들여 제2의 모세가 되어 불을 밝히고 있다. 한국과 해외로 이주한 탈북민들도 제2의 요셉이 되어 민족을 살리는 주역들로 준비되고 있다.

탈북민들은 하나님이 보내신 선물이다. 그들은 북한의 참상을 세상에 전하고 북한 주민들의 인권을 향상 시키는 데 크게 이바지하고 있고 통일의 주역으로서 복음통일의 마중물로 쓰임 받고 있다. 또한 북한을 향한 하나님의 마음을 가지고 남북의 피스메이커로서 북한선교의 중요한 역할을 감당하고 있다. 복음통일은 예수 그리스도 안에서 먼저 한국 성도들과 탈북민 성도들이 하나가 되는 것부터 시작이다.

앞으로 세상은 점점 어두움으로 향할 것이고 기독교인들을 박해할 것이다. 그럼에도 교회는 어두운 가운데 빛을 비추어야만 한다. 주님 재림이 임박했기 때문이다.

"내 이름으로 일컫는 내 백성이 그들의 악한 길에서 떠나 스스로 낮추고 기도하여 내 얼굴을 찾으면 내가 하늘에서 듣고 그들의 죄를 사하고 그들의 땅을 고칠지라"[115] 우리는 다시 복음으로 돌아가 하나님이 찾으시는 예배자, 하나님 나라의 선교를 위해 헌신하는 사명자가 되어 한반도를 복음화해야 한다.

코로나19 이후 세상은 빠르게 변화하고 있다. 선교학자 레슬리 뉴비긴의 '변화하는 세상에 변함없는 복음을!'[116]이라는 슬로건처럼, 바뀌어 가는 상황 속에서도 사역의 방법론은 상황에 따라 바뀔 필요가 있다. 변함없는 복음의 본질을 붙잡되 뉴 노멀, 뉴 처치, 뉴 크리스천으로서 선교적 삶을 살아야 한다.

코로나19 이후, 그리스도인들은 정치, 경제, 사회 등 모든 분야가 지금보다 더 영적 전쟁터가 될 것이다. 이때 교회는 개인의 영적 분별력을 갖추고 스스로의 신앙을 지킬 수 있도록 도와야 한다. 하나님의 말씀을 스스로 읽고 스스로 기도

하고 스스로 예배하고 하나님의 뜻대로 살아내야 한다. 그리스도인들이 '각자도생'의 신앙을 가지면서도 교회로서의 공동체성을 가지고 협력할 수 있어야 한다.

주님의 재림은 멀지 않았다. 그리스도인들은 하나님 나라의 종말론적 신앙을 가지고 순결한 신부로서의 삶을 준비해야 하며 한라에서 백두까지, 백두에서 땅끝까지 성령의 능력으로 하나님의 선교를 감당해야 한다.

"이 모든 것 위에 사랑을 더하라"[117]

참고문헌
각주

참고문헌

저서

감희. 『북한 사람 이해하기』. 한울.
고태우. 『북한의 종교정책』. 민족문화사.
김병로 외 3명. 『그루터기』. 박영사.
김병로. 『북한교회 이해』. 모시는 사람들.
김병로. 『북한, 조선으로 다시 읽다』. 서울대학교출판문화원.
김병로. 『북한 사회의 종교성: 주체사상과 기독교의 종교 양식 비교』. 서울: 통일연구원.
김성욱. 『북한을 선점하라』. 세이지.
권헌익·정병호. 『극장국가 북한』. 창비.
송바울. 『때가 찬 북한선교』. 국민북스.
스텔라 프라이스 지음. 정지영 옮김 『조선에 부르심을 받다』. KOREA.COM.
이기훈. 『왜 일대일 제자양육인가』. 두란노.
임현수. 『내가 누구를 두려워 하리요』. 규장.
임용석. 『통일 준비되었습니까?』. 진리와 자유.
전명희. 『탈북민 이해하기』. 지식공동체.
정종기. 『북한선교개론』. 아세아연합신학대학교.
조은식. 『선교와 통일』. 숭실대학교 출판부. 2014.
조요섭. 『북한선교의 마중물 탈북자』. 두날개.
주승현. 『조난자들』. 생각의 힘.
안드레이 란코프. 김수빈 옮김. 『리얼노스코리아』. 개마고원.
태영호. 『3층 서기실의 암호』. 기파랑.
한국기독교역사연구소. 『북한 교회사』. 북한교회사집필위원회 지음.
『조선말대사전』. (평양: 과학백과사전출판사, 1981).
『조선중앙년감 1950』. (평양: 조선로동당출판사, 1950).

『2016 북한이해』. 통일부 통일교육원.
『김일성저작집』. 제38권.
『다리 예화』 전도지. 네비게이토출판사.

논문
강성록(2001). "탈북자의 외상척도 개발 연구". 연세대학교 대학원 석사학위논문.
윤현기(2004). 북한 주민의 종교의식 변화를 위한 선교전략. 아세아연합신학대학교 신학연구원 석사학위 논문.
유혜란(2014). 탈북민을 통하여 본 '북한체제트라우마'(NKST) 불안연구. 한국기독교상담학회지, 25(1), 55.117-220.
이시효 외(2022). "평양 청년세대 '이중'의식구조에 대한 현상학적 연구", 북한연구학회보 26(2), 113-145.
'북한개발소식'. "북한의 사상문화 통제 정책과 청년세대", 한국오픈도어 북한선교연구소(2023.5월호) 통권 211호.
주경미. "외상 후 스트레스 장애". 약학정보원.

통계
교육부(2022). 2022년 탈북학생 통계 현황(22.4 기준)
남북하나재단. "2022년 북한이탈주민 정착실태조사"
오픈도어선교회. 월드와치리스트, 2023.
통일부. "북한이탈주민 현황"(2023년 3월 말 기준)

뉴스
김종영. "탈북자는 대한민국 이방인?". 2012년 9월 28일자.
이민주. "탈북민 자살자 비율, 남한의 3배… 관심·지원 절실". 청년의사. 2018년 5월 3일.

주성하. [주성하의 서울살이] 선교사 '언더우드' 집안 이야기. RFA 자유아시아방송. 2011.09.23.
RFA 자유아시아방송. 국무부 "북 주민 5만~7만, 기독교인 이유로 수용소에 수감". 2023. 05.15일자 뉴스.
김정수. "북한이탈주민 미혹하는 이단들". 「현대종교」 2017년 4월 3일자.
조선중앙통신. 2013.3.30.

기타
"원산부흥운동", 한국민족문화대백과사전. https://encykorea.aks.ac.kr/Article/E0076578
많은물소리, '창문을 비추소서/어둠의 그늘 땅을 덮어', No. 4197.

각주

1) 잠 16:9
2) 창 45:7-8
3) 정한걸, 강디모데 "통일세대"(New Korea) 공동 작곡한 찬양을 유튜브에서 들을 수 있다.
4) 장대재 자리에는 장대현교회, 숭실학교, 평양신학교가 있었다. 현재는 만수대로 개명하여 김일성, 김정일 동상을 세웠다.
5) 조요셉. 『북한선교의 마중물 탈북자』. 두날개.
6) 요 1:5
7) 요 8:32
8) 청년의사. 탈북민 자살자 비율, 남한의 3배… "관심·지원 절실". 2018. 05. 03. 이민주 기자
9) 주경미. "외상 후 스트레스 장애". 약학정보원. 1.
10) 강성록(2001). "탈북자의 외상척도 개발 연구". 연세대학교 대학원 석사학위논문.
11) 조선중앙통신. 2013. 3. 30
12) 밤이 되면 불빛이 새어 나가지 않도록 불빛이 샐 수 있는 창문에 담요와 같은 것으로 막는 것을 말한다.
13) 감희. 『북한 사람 이해하기』. 한울. 51.
14) 전명희(2023). 『탈북민 이해하기』. 지식공동체.
15) 주승현. 『조난자들』. 생각의 힘.
16) 김종영. "탈북자는 대한민국 이방인?". 2012년 9월 28일 자.
17) 조은식. 『선교와 통일』. 숭실대학교 출판부. 2014. 176.
18) 골 3:14
19) 창 1:1
20) 사 43:21
21) 창 1:27-28
22) 요 13:1
23) 엡 1:10
24) 요 17:21-23

25) 마 28:19-20
26) 렘 5:1
27) 딤후 2:20, 21
28) 고전 3:6, 7
29) 엡 4:11, 12
30) 눅 15:11-32
31) 환대는 반갑게 맞아 정성껏 후하게 대접하는 것을 말한다.
32) 요일 4:8-9
33) 엡 2:14
34) 마 5:44
35) 빌 2:5-8
36) 요 12:24
37) 갈 2:20
38) 눅 10:25-37
39) 요 13:34, 35
40) 고전 13:4-7
41) 조요셉. 「북한선교의 마중물 탈북자」. 두날개. 88.
42) 마트료시카는 러시아의 전통 인형으로, 일련의 작은 인형들이 안에 들어가 있는 인형이다.
43) 임용석. 「통일 준비되었습니까?」. 진리와 자유. 179-185.
44) 정종기. 「북한선교개론」. 아세아연합신학대학교. 285-294.
45) 조요셉. 「북한선교의 마중물 탈북자」. 두날개. 99-100.
46) 빌 2:5-8
47) 롬 5:8
48) 시 34:8
49) "내 영혼을 소생시키시고 자기 이름을 위하여 의의 길로 인도하시는도다" (시 23:3)
50) 딤후 3:16
51) 벧후 1:4
52) 히 4:15
53) 벧전 1:16
54) 시 34:5
55) 갈 2:20

56) 막 10:45
57) 마 11:29
58) 눅 22:42
59) 눅 2:51
60) 요일 3:16-19
61) 요 6:29
62) 빌 3:14
63) 고전 1:21
64) 약 1:27
65) 2019. 07. 11. 미국통계국. (2,551만 3천 명)
66) 2023. 09. 통일부
67) 고전 2:4, 5
68) 고전 3:6, 7
69) 계 3:20
70) 북한의 주체사상 원리 "자기 운명의 주인은 자기 자신이며 자기 운명을 개척할 수 있는 힘도 자기 자신에게 있다."
71) 요 10:10
72) 마 11:28-30
73) 요 3:16
74) 롬 5:8
75) 네비게이토출판사 『다리 예화』 전도지 참조
76) 막 8:34
77) 요 13:34-35
78) 롬 5:8
79) 신 6:4-5
80) 시 119:105
81) 이기훈. 『왜 일대일 제자양육인가』. 두란노. 21.
82) 요일 4:1-3
83) 요이 1:7
84) 요일 2:18~23
85) 벧후 2:1
86) 고후 11:3, 4
87) 고후 11:4

88) 김정수. "북한이탈주민 미혹하는 이단들". 「현대종교」 2017년 4월 3일자.
89) 윤현기(2004). 북한 주민의 종교의식 변화를 위한 선교전략. 아세아연합신학대학교 신학연구원 석사학위 논문.
90) 탈북민의 진술은 '예배동원주일'이라고 불렀다.
91) 교회를 다니다가 안 나가는 성도들을 '가나안성도'라고 부른다.
92) 마 4:4
93) 롬 1:17
94) 롬 1:16
95) 딤후 4:1
96) 딤후 3:16-17
97) 요 1:14
98) 딤후 2:1-2
99) 눅 9:23
100) 갈 2:20
101) 합 2:14
102) 마 28:18-20
103) 요 12:24
104) 시 126:5-6
105) 욜 2:12-13
106) 롬 8:37
107) 마 7:7-8
108) 전 4:12
109) 제3국 출생자녀를 줄여서 부르는 말.
110) 교육부(2022). 2022년 탈북학생 통계 현황(22. 4 기준)
111) 히 10:24-25
112) 법무부 교정본부. 2023년 9월 1일 기준, 한국 교도소에 수감된 탈북민은 175명이라고 발표.
113) 호 6:3
114) 롬 5:20, 21
115) 대하 7:14
116) 레슬리 뉴비긴, 폴 웨스턴(편집)지음. 『변화하는 세상 변함없는 복음』. 아바서원, 2016.
117) 골 3:14

하나님이
보내신 탈북민

초판 1쇄 찍은 날 2024년 1월 25일
초판 1쇄 펴낸 날 2024년 2월 5일

지은이 강디모데

펴낸이 조석행
펴낸곳 예영B&P
디자인 차순주

등록번호 1998년 9월 24일(가제 17-217호)
주 소 02176 서울시 중랑구 용마산로 112가길 17(망우동 401-23) 1층
　　　Tel 02)2249-2506　　　Fax 02)2249-2508

총 판 예영커뮤니케이션
　　　Tel 02)766-8931　　　Fax 02)766-8934

ⓒ강디모데 2017

ISBN 978-89-90397-75-1 03230

값 12,000원

- 본 저작물은 저작권법에 의하여 보호받는 저작물이므로 무단전재와 무단복제를 금합니다.
- 잘못 만들어진 책은 언제든지 교환해 드립니다.